LETTRE À UN JEUNE PIANISTE

Jean Fassina

# Lettre
# à un jeune pianiste

*Préface de Jacques Rouvier*

Fayard

Les exemples musicaux ont été composés
par Laurence Ardouin.

© Librairie Arthème Fayard, 2000.

# Préface

Deux heures de leçon, très intenses, deux fois par semaine, deux années durant ; deux heures de lecture aujourd'hui, au cours desquelles je retrouve la magie de ces instants. Cette petite « variation sur deux » montre à quel point il me paraît difficile de faire comprendre, en deux mots, ce que ce merveilleux enseignement m'a apporté ; néanmoins, et quitte à regretter la pensée que « seuls les imbéciles ne changent jamais d'avis », je commencerai par confirmer ce que j'ai dit il y a seize ans, concernant la pédagogie de mon Maître et Ami : « Jean Fassina est un analyste sensible, comme devrait l'être tout analyste, qui oblige à aller au fond de soi-même, à se dévoiler complètement. Il a été pour moi un révélateur : il m'a fait devenir ce que j'étais. »

Je dirai ensuite que la qualité première de l'enseignement de Jean Fassina réside dans la mise à contribution absolue de la concentration : tenue au clavier, sensations tactiles et musculaires (en complète relation avec la sonorité), l'écoute poussée à l'extrême, du silence qui précède le son au silence qui le suit, tout cela accompagné de trois qualités fondamentales : une infinie patience, une grande générosité, et l'amour de son prochain. Ce travail, difficile, car aller vraiment au fond de soi n'est jamais simple, trouve toujours sa raison dans le texte musical qui est rigoureusement respecté, la pédagogie de Jean Fassina n'ayant d'autre but que d'encourager l'élève à se rapprocher de la vérité d'un phrasé, d'une couleur, de la relation intime entre la musique et la résonance qu'elle a en nous, dans les oreilles comme dans le cœur ; cette attitude sait déclencher les ouragans ou l'émerveillement, pour peu que l'on joue le jeu, et, comme le dit Fassina, à condition d'avoir quelque chose à dire. Rien n'est dit ou fait pour « épater la galerie » ou essayer de battre son voisin en force et en vitesse : tout est pour l'expression. Certes, il y eut des moments délicats pendant ce travail, lorsqu'on ne joue pas comme avant, mais pas encore comme après ; lorsque naissent ou renaissent des sensations ; mais quel bonheur de se trouver un jour en véritable harmonie avec le son, le texte, et le corps. Et quelle mine pour le futur pédagogue… Jean Fassina a, par ailleurs, réussi à garder une incroyable énergie pour l'enseignement après plus de trente années d'activité pédagogique. Seul l'amour vrai de la musique peut engendrer cela ; c'est aussi, en filigrane, ce que disent ces pages.

*Jacques Rouvier,*
*Professeur au Conservatoire national*
*supérieur de musique de Paris*

Pourrait-on ne pas avoir de la patience, ne pas apprendre de la nature à avoir de la patience en voyant silencieusement lever le blé, croître les choses – pourrait-on s'estimer une chose si absolument morte que de penser qu'on ne puisse même plus croître ?

Je suis un artiste, [...] il va de soi que ce mot implique en lui la signification de « toujours chercher sans jamais trouver la perfection ». C'est tout juste le contraire de « je le sais déjà, je l'ai déjà trouvé ».

Vincent Van Gogh, *Lettres à son frère Théo.*

# Jean Fassina

Formé très jeune au Conservatoire national supérieur de musique de Paris, Jean Fassina part pour la Pologne où il achève ses études sous la direction d'Henryk Sztompka qui lui transmet l'art de Paderewski dont il a été l'un des disciples.

Ces années sont décisives pour l'avenir musical de Jean Fassina.

Après une carrière de concertiste – relativement brève (1961-1975) mais très intense, dans la plupart des pays d'Europe de l'Ouest et de l'Est, dont l'ex-Union soviétique, au Canada, aux États-Unis, au Japon –, Jean Fassina se consacre à sa véritable vocation : celle de l'enseignement. Il commence à enseigner vers 1970 et, en une dizaine d'années, il forme une pléiade d'artistes, français et étrangers.

Professeur à l'Académie de haut perfectionnement musical de Saluzzo (Turin), puis à l'Académie de Nice, il est invité permanent pour des séries de *master classes*, de l'Institut Chopin de Varsovie, la Juilliard School de New York, et l'École normale de Musique de Paris, ainsi que des Conservatoires supérieurs et des Universités de Porto, Bruxelles, Bucarest, Pékin, Tokyo et Osaka.

# Un itinéraire

La première fois que j'ai entendu parler de liberté au piano, de souplesse, de distanciation des volumes sonores, de gestes et de sensations, ce fut par Magda Tagliaferro. J'avais dix-sept ans. J'ai travaillé avec elle, pendant cinq ans, parallèlement à mes études au Conservatoire de Paris. Personne, avant elle, ne m'avait expliqué de façon rationnelle ce qu'est le travail sur le son. Elle tenait un langage auquel j'aspirais, levant le voile sur des notions que je pressentais et qui se révélèrent être le ferment de mes recherches futures.

Issu d'une lignée de pianistes, j'ai décidé très tôt de le devenir à mon tour. Ma grand-mère était pianiste et compositeur, ma mère se produisait en concert. Je les écoutais jouer Bach, Mozart, Debussy pour lequel ma mère avait une tendresse particulière ; surtout je manifestais une émotion réelle dès que j'entendais Chopin... Ma grand-mère en jouait pour moi, et les premiers livres qu'elle m'a lus concernaient sa vie et son œuvre.

Ma mère a été mon premier professeur. J'étais musicien mais assez paresseux ; aussi dès l'âge de dix ans, mes parents m'ont-ils imposé une discipline très rigoureuse : il n'y a pas de dimanches, pour l'apprenti pianiste... De plus, mon travail était ponctué d'auditions auprès des artistes de passage à Alger, où nous résidions.

Il n'était pas question que je néglige mes études générales. Mon père veillait à ce que je ne devienne pas un pianiste sans autre culture que musicale : lectures, concerts, musées, on m'intéressa à tout.

Lorsque je suis arrivé à Paris, avide de l'apport culturel immense qui s'offrait à moi, j'ai éprouvé un sentiment de frustration constant. Au Conservatoire, dans la classe de Lazare Lévy, puis dans celle d'Aline Van Barentzen, la seule chose qui comptait c'était le temps consacré à l'instrument : six à sept heures par jour obligatoires.

Tout n'était qu'exercices et études dont je ne voyais pas la justification car cela ne me semblait déboucher sur aucune joie musicale. Quant aux morceaux, l'essentiel était d'en apprendre le plus possible, de vite déchiffrer, ce qui bien sûr est utile, mais le travail n'allait guère au-delà. On n'apprenait pas à réfléchir.

Sous prétexte que j'étais musicien, mes professeurs n'ont jamais corrigé un seul de mes phrasés ; pourtant je n'avais d'autre guide que mon instinct et il devait m'arriver de faire des contresens. J'avais une sorte de prescience du phrasé et du style sans avoir les moyens de les réaliser.

Alors que je cherchais à améliorer la détente et la liberté dans mon jeu, on me faisait développer mes muscles et je voyais très bien que cela me ferait aboutir à une esthétique que je détestais, comme si, ayant voulu faire de l'athlétisme, on m'avait imposé de cultiver l'haltérophilie.

À un point tel qu'un sentiment d'insatisfaction m'a accompagné tout au long de ma scolarité. J'avais l'impression que l'on ne m'apprenait pas ce qui allait me nourrir. Seul Jacques Février, mon professeur de musique de chambre, homme d'une grande intelligence, d'une culture immense, qui comprenait la musique au plus haut degré, donnait des cours passionnants. Hélas ! la technique n'était pas son domaine.

Après mes Prix au Conservatoire de Paris, une envie irrépressible d'aller étudier dans les pays de l'Est s'est emparée de moi. Les résultats de l'enseignement qu'on y dispensait étaient visibles dans tous les concours internationaux : lorsque, non pas un, mais vingt pianistes vous éblouissent, cela devient une évidence.

J'ai donc fait plusieurs demandes pour partir en Russie, sans résultat. C'était quasiment impossible à l'époque. À ce moment-là, les pianistes français allaient étudier en Allemagne, en Italie, aux États-Unis à la Juilliard School où enseignaient des transfuges des Pays de l'Est, telle Rosa Lévine. Personnellement, je préférais aller à la source. Une sorte de chemin souterrain inconscient vers la Pologne s'était créé en moi depuis l'enfance. L'amour de Chopin et de la musique slave a habité toute ma vie. C'est une musique qui parle à mon cœur et à mes sens autant qu'à mon esprit. C'est au moyen de ce langage que je désirais me réaliser en tant qu'artiste.

Un jour, enfin, la chance s'est présentée. Au Conservatoire, j'avais pour amie une pianiste iranienne, Tania Achot (co-fondatrice par la suite du concours Vianna da Motta à Lisbonne) qui avait été formée à l'école russe par sa tante, brillante pianiste, ancienne élève de Neuhaus.

À ce moment-là, elle préparait le concours Chopin et était allée travailler six mois à Cracovie avec Henryk Sztompka. Cracovie était alors la capitale de l'école de piano polonaise, où enseignaient les plus grands professeurs, formés avant guerre.

À son retour, en 1961, elle m'affirma avoir trouvé exactement en Sztompka, le professeur que je cherchais. Celui-ci m'a accepté, j'ai obtenu une bourse d'études – chance, là encore, les bourses étant distribuées avec parcimonie. Je suis parti dans les huit jours. Le fil d'Ariane tissé par ma grand-mère m'avait conduit hors du labyrinthe...

Aujourd'hui, je pense que si je n'avais pas pu partir, si j'avais été privé de cet apport de connaissances, je me serais tari, desséché ; comme une graine, j'avais besoin d'être replanté dans cette terre polonaise.

En Pologne j'ai connu des conditions de travail exceptionnelles : pendant quatre ans, chaque jour, j'ai été accompagné dans ma recherche. On a effacé l'angoisse du musicien face à la musique, parce que l'on m'a guidé, et l'on a corrigé les déviations de l'enseignement que j'avais reçu à Paris. Mon professeur Henryk Sztompka avait été le dernier élève de Paderewski.

Héritier de la tradition instrumentale et stylistique de Chopin, c'était de plus un grand pédagogue qui savait détecter et rectifier les carences d'un jeu. Ce qui m'a le plus impressionné là-bas, en plus de la qualité de l'enseignement, c'est la liberté et la compréhension que j'y ai trouvées : une grande liberté de rapports entre mon professeur et moi-même ; la possibilité de lui poser des questions et d'en obtenir des réponses.

Lors de ma première leçon, Sztompka me dit : « Vous êtes musicien, mais vous avez tout à refaire... » Ainsi a commencé la période la plus extraordinaire de ma vie. C'est à partir de là que j'ai compris comment on travaille la musique, comment on l'écoute, comment on a la patience d'attendre que les progrès arrivent.

Outre ses qualités de musicien et de professeur, Sztompka était un être d'une grande humanité. J'ai trouvé auprès de lui l'explication lumineuse des problèmes et la solution de ces problèmes, un diagnostic d'une grande sûreté, beaucoup de clairvoyance, de courtoisie et de compréhension. Il a accompli un travail rare, d'épuration, de recentrage et de rééquilibrage de toutes les données.

C'est une expérience comparable – pardonnez-moi cette nouvelle allusion au jardinage, mais c'est l'image qui me semble la plus adéquate – au développement d'une plante qui serait enfin bien orientée, taillée convenablement, et dont on favoriserait l'éclosion.

Pendant quatre années, j'ai travaillé de façon intensive : d'une part, une heure et demie chaque jour, avec l'assistante de Sztompka, Madame Zagajewska, qui avait un sens aigu de la sémantique, d'autre part, de longues leçons de deux ou trois heures avec lui, deux fois par semaine. C'est ainsi que j'ai retravaillé beaucoup d'œuvres du répertoire mais surtout, à fond, tout l'œuvre de Chopin.

Depuis 1970, j'ai transmis cet enseignement reçu en Pologne à des dizaines de pianistes désireux de combler les manques de leur formation initiale, à contre-courant de ce qui se pratiquait en France. J'ai été le premier pianiste français à qui on a permis d'aller travailler en Pologne. D'autres artistes ont suivi mon exemple mais les grands professeurs tels Sztompka et Drzewiecki en Pologne, Neuhaus et Oborine en Russie, héritiers d'une tradition remontant à Chopin et Liszt, étant morts, ils n'ont sans doute pas pu en tirer le même bénéfice.

Le profond désir de communiquer à d'autres cet enseignement que j'ai reçu m'a toujours guidé. J'aimerais ne pas laisser s'éteindre cette richesse extraordinaire que l'on m'a confiée et qui n'a pas d'équivalent. Je me sens dépositaire de cette manière de penser et de travailler, de conduire une évolution. Après bientôt quarante ans d'enseignement, il me semble impérieux, et urgent, de témoigner de mon expérience.

Expérience d'une vie entière, faite de doutes, et de désespoir lorsque mon travail butait sur des obstacles, d'espoir et de joies multiples, en Pologne et avec mes élèves. Une expérience trop longue, trop dense, trop riche, pour pouvoir la retracer pleinement en quelques pages.

Je me heurte, comme tous ceux qui écrivent sur la musique, à l'impossibilité d'expliquer une sensation, de faire ressentir ce qu'est la liberté et bien évidemment de faire comprendre ce qui est le travail essentiel pour un musicien, le travail sur le son. Comme disait Schumann, à propos de l'usage du piano muet : « On n'apprend pas à parler avec les muets. »

Ceci est un résumé de ma vie de pianiste et de professeur.

Parce que j'ai toujours préféré demeurer en marge, j'ai été tout ensemble porté au pinacle et critiqué par des gens qui ignoraient tout de moi et de mon travail.

Aujourd'hui, je voudrais dire qui je suis et quel fut mon chemin. Le récit de mon itinéraire peut éveiller la curiosité des pianistes, jeunes et moins jeunes, et celle des pédagogues, ainsi que les amener à se poser des questions et à réfléchir.

Ce livre n'est en rien une démonstration, ni une solution miraculeuse car seule l'expérience vécue et accompagnée peut être vraiment profitable à autrui. Cependant, en dénonçant des préjugés nocifs ainsi que les dommages qui en résultent, et en livrant l'essentiel des principes de ma technique, j'espère indiquer une voie, un tracé qui puisse être à l'origine d'une recherche pianistique personnelle.

# Enseigner

Les artistes sont vulnérables, tourmentés par l'importance de leur rôle vis-à-vis du public. C'est une erreur de penser que parce que l'on réussit dans ce métier et que l'on y a acquis une certaine notoriété, il ne reste plus rien à découvrir. On ne maîtrise pas tout, même sur une estrade.

Doutes, saturation, crispations ou blocages n'épargnent pas toujours les pianistes, au cours de leur carrière. Ceux qui possèdent une musicalité vraie peuvent faire passer un message malgré leurs tensions physiologiques. Cependant, ils peuvent aussi être bloqués par ces tensions et en ressentir une angoisse profonde : quand ça ne marche pas, ils sombrent dans le désarroi.

Certains cherchent à comprendre le pourquoi de leurs difficultés, se remettent en question, s'éloignent de la scène pour une ou plusieurs années afin de repérer et de résoudre les carences (techniques ou autres) qui les ont conduits à ce qui risque de devenir une impasse.

C'est pour ces raisons que j'ai été amené à aider plusieurs solistes français tels Jacques Rouvier, Jean-Rodolphe Kars, Michel Béroff, Jacqueline Bourgès-Maunoury, Jean-Louis Haguenauer, Josette Morata, ou encore des pianistes comme Lydie Barkeff, Nelly Roukhadzé, Blanche d'Harcourt, Armelle Kantorow, etc., ainsi que de nombreux artistes étrangers, à une période cruciale de leur vie professionnelle.

À tous j'ai demandé de cesser de se produire pendant plusieurs mois, et bien souvent j'ai été amené, en premier lieu, à corriger leur façon de s'asseoir, inadéquate car ne correspondant pas à leur morphologie. On ne peut pas se contenter de replâtrer, ni bâtir un immeuble avant de s'assurer des fondations. Il faut momentanément et impérativement se couper de la musique sur le plan émotionnel, pour effectuer ce travail en profondeur dans le calme, la patience, sans crispation physique ou morale ; cela nécessite de la concentration, beaucoup d'humilité, et une volonté inébranlable.

Grâce à cette parenthèse, loin de perdre sa sensibilité à la musique, on peut améliorer son jeu, corriger de nombreux défauts. Il s'agit d'apprendre à pénétrer l'univers sonore par des moyens physiques appropriés. Ensuite, on greffe très vite ces acquis sur les connaissances musicales.

À ceux qui pourraient s'étonner que ces artistes aient accepté d'interrompre leurs tournées de concert et se soient pliés à un véritable travail de laboratoire, je dirais que c'est une preuve de leur intelligence. À partir du moment où l'on se considère comme une star, on n'avance plus. Je n'ai que peu d'estime pour les gens qui ne sont jamais effleurés par le doute. On a souvent besoin d'une halte, de pauses dans la vie, pendant lesquelles on se remet, on se réveille et on reprend souffle pour poursuivre son chemin. C'est d'autant plus vrai lorsqu'on ne vit que sur l'imagination et la sensibilité, facultés qui peuvent s'émousser. On a quelquefois besoin de se mettre en état de veille pour régénérer cet appétit de faire de la musique… Brendel et Pollini ont éprouvé, eux aussi, cette nécessité de s'éloigner de la scène pour réfléchir et se renouveler.

\*
\* \*

Enseigner, c'est d'abord être attentif. Il faut se souvenir que l'on a été jeune pour ne pas dispenser un enseignement sclérosé. Se rappeler ses hésitations, ses indécisions, ses désespoirs aussi. Chaque étudiant constitue un cas unique, même si les défauts sont pratiquement toujours les mêmes.

Une œuvre travaillée pour la centième fois reste pour moi une expérience nouvelle, parce que je m'adresse à quelqu'un qui la découvre. Je me trouve face à ses demandes, face à ses interrogations et je refais le chemin avec lui.

Ensuite, il faut savoir créer un rapport vrai. C'est ainsi que s'établit le climat nécessaire à un travail profitable et épanouissant. Être l'ami de ses élèves n'entame en rien le prestige du professeur. Cela n'exclut pas la nécessité d'être exigeant – ce qui relève de la conscience professionnelle – et non intransigeant – ce qui est souvent se réfugier derrière une incompétence. L'exigence, c'est de demander aux gens ce que l'on croit pouvoir obtenir d'eux, en allant à leur rencontre, pas en les braquant. Sinon, on les bloque, dans leur personnalité comme dans leur art.

Il faut savoir non seulement corriger les erreurs techniques et stylistiques, combler les carences mais aussi donner aux étudiants inquiets une confiance plus grande en eux-mêmes, une certitude en leur propre talent.

Il y a deux sortes de musiciens : ceux qui veulent briller et ceux qui préfèrent travailler et progresser dans l'ombre, comme des chercheurs en laboratoire. Je suis de ceux-là. Le travail de recherche que j'effectue chaque jour avec mes élèves me passionne ; j'apprends sans cesse. Je ne pourrais pas vivre sur une routine… À mon avis, un bon pédagogue doit posséder, en plus des connaissances nécessaires, cet amour de la recherche.

Si j'insiste beaucoup sur la patience dans le travail pianistique, c'est qu'un musicien, un artiste véritable, est aussi un artisan consciencieux, mais avec une dimension supérieure de compréhension, et de restitution.

Chaque jour il faut apporter quelque chose de nouveau, polir et repolir son ouvrage avec patience, passion, humilité, avoir le courage d'accomplir sa tâche. On ne parle pas assez du labeur, on ne parle que des dons.

Le don est quelque chose qui ne s'apprend pas, ne se donne pas, ne se retire pas. On naît avec… Le don est impérieux : c'est la force intérieure qui pousse à ne jamais renoncer.

\*
\* \*

Lorsqu'un élève joue devant moi pour la première fois, quasiment dès les premières notes, se produit une sorte de flash : le diagnostic est immédiat. Au Japon, j'ai entendu, il y a peu, un grand nombre de pianistes en trois jours, afin d'effectuer une sélection pour un concours national. Tous étaient d'un niveau exceptionnel. Après quelques phrases, mon opinion se précisait très vite.

Par la façon de se présenter, on décèle d'emblée une autorité authentique dénuée de toute prétention, ou le contraire. Par la manière d'entrer dans l'œuvre esthétiquement, on détecte le potentiel sonore, le sens de la phrase bien conduite, le respect du rythme et du tempo, ou l'absence de ces qualités. C'est déjà une impression révélatrice d'une personnalité.

Certains pianistes ont une bonne sonorité mais n'ont pas le style qui me touche, c'est-à-dire la sincérité, la simplicité, le naturel. Si quelqu'un cherche à faire des effets musicaux, je commence à porter un regard critique sur l'authenticité de son interprétation, et je mesure la somme de carences et de problèmes à résoudre, l'étendue de la remise en question. Car c'est tout un processus de pensée qui l'a amené à jouer ainsi : sa culture, les influences qu'il a reçues, les conseils qu'on lui a donnés, les interprétations qui l'ont marqué. Son esthétique personnelle est faite de tout cela.

On reconnaît dans l'instant si un pianiste est fin, intelligent et cultivé ou si, au contraire, il va falloir l'aider à construire plus sainement son discours.

Lorsqu'au cours d'une *master class* ou d'une première leçon, je fais l'analyse d'un jeu, j'observe les réactions de la personne que j'ai en face de moi. D'après son regard, son écoute pendant les quelques phrases échangées, et ce que je perçois comme qualités dans son jeu, je me pose les questions suivantes : quelle est la nature de cette personne ? Quelles sont ses possibilités d'amélioration ? La critique ne la choque-t-elle pas, ne la blesse-t-elle pas ? Je déteste blesser les gens, néanmoins je dis tout ce que je pense, sous forme d'une analyse amicale, jamais d'une méchanceté ou d'une critique acerbe. Tant de professeurs ont cassé des élèves en quelques secondes ! Les humilier, ce n'est pas les former.

Une autre erreur pédagogique (que beaucoup de conservatoires tiennent pour une vérité) consiste à croire que plus on joue d'œuvres, mieux on maîtrisera son instrument. C'est faux. Les élèves des conservatoires passent au moins six heures par jour au piano mais utilisent mal leur temps.

La lecture des œuvres ne suffit pas. Il faut, certes, déchiffrer beaucoup, se constituer un répertoire mais aussi progresser, approfondir les œuvres déjà connues. Pour cela, il faut du temps, et une grande exigence. Si l'on n'a pas d'autre critère de valeur que le nombre de morceaux appris dans l'année, on ne pourra se targuer que de la vitesse de déchiffrage et de mémorisation mais qu'aura-t-on gagné en profondeur ? Certainement pas une meilleure compréhension de l'aisance, de la manière de produire un son, ou d'un style…

Bref, il n'y aura progrès ni technique ni musical.

Michelangeli, qui connaissait toute la littérature pianistique, ne donnait en concert qu'un nombre d'œuvres réduit ; mais, à chaque fois, il livrait une perfection. Arthur Rubinstein, quant à lui, assurait ne jouer que les œuvres dans lesquelles il se sentait « en contact direct et absolu avec le compositeur ». Je trouve cette démarche préférable à celle des pianistes qui jouent des kilomètres de musique mais ne laisseront aucune trace, parce qu'ils n'ont rien à dire.

\*
\* \*

Critiquer sans remédier est (a toujours été) le défaut majeur des professeurs. Presque tous les pianistes enseignent, mais pour certains, ce n'est qu'une nécessité ennuyeuse. Ils n'ont pas le goût d'enseigner et souvent n'en ont pas les capacités.

« Faites comme moi », dira tel pianiste renommé, en jouant pour son élève un passage difficile, faute de savoir expliquer le geste adéquat pour le réussir. Pianistes d'instinct, même très brillants, à l'instar de Liszt qui ne savait donner aucun conseil sur sa propre technique, ces professeurs ne sauront pas corriger les défauts de leurs élèves. Pire, ils enseigneront ce qu'on leur a appris dans leur enfance sans même s'apercevoir qu'ils pratiquent tout le contraire et continueront à noyer sous la routine l'enthousiasme de leurs élèves.

En France, certains professeurs de grand renom ne supportaient pas les élèves qui avaient des carences techniques, car ils ne savaient ou ne voulaient y remédier. Il est vrai qu'ils avaient eux-mêmes pas mal de défaillances…

D'autres professeurs, très réputés pour la qualité de leur enseignement, ne donnent que de bons conseils : ils parlent de la souplesse, de la liberté, de la sonorité, de la distanciation des volumes sonores, toutes choses dont on sait l'importance, mais ils révèlent ces choses sans les affirmer.

Dire qu'il faut être libre, sans dire comment arriver à la liberté, exposer sa conception sur le contenu esthétique de l'œuvre, sans exiger de l'élève une concrétisation sonore par le phrasé et les nuances, tout cela n'est pas enseigner. Exactement comme si l'on s'arrêtait au moment où le négatif d'une photo va passer au positif : on voit s'ébaucher des perspectives, des formes, des couleurs sans jamais arriver à la révélation complète.

Dans tous les cas que je viens d'évoquer, les élèves ressortiront des cours désemparés, perplexes et surtout comme ils y sont arrivés, enrichis en rien, sans nouveau ferment de réflexion.

*
* *

Le travail du piano est un travail solitaire. À tel point qu'au moment où une oreille étrangère est témoin de votre expressivité, de votre discours instrumental, cela crée une panique. Ce qui n'est évidemment pas le cas des violonistes, des instrumentistes jouant en formation d'orchestre ou de musique de chambre car la présence humaine, l'écoute d'autres oreilles « juges », est pour eux constante. Alors que le pianiste enfermé dans une solitude quasi étouffante n'est pas familiarisé à cela.

Il faut préparer les pianistes à la scène, mais ne pas les forcer à jouer lorsqu'ils ne se sentent pas prêts – ce qui est souvent l'inconvénient des concours –, un concert ou un concours raté pouvant laisser des traumatismes pour de longues années. À l'inverse, il est parfois nécessaire de freiner l'impatience à se produire de jeunes gens, inconscients à la fois de leur manque de maturité et des risques qu'ils courent en s'exposant trop tôt à la critique.

Il faut permettre aux élèves d'approfondir les œuvres à leur rythme, en les délivrant du souci constant des concours.

Il faut les guider dans leur recherche musicale, leur permettre de résoudre leurs problèmes techniques, en comprenant les mécanismes musculaires et dynamiques nécessaires au jeu pianistique. Cela, afin de ne plus réussir ou rater sans comprendre, autrement dit de passer de l'intuition à l'appréhension intellectuelle de l'œuvre et de sa communication.

Je vais clore ce chapitre, par crainte de devenir intarissable comme tous les passionnés lorsqu'ils parlent de leur métier, par une phrase que j'emprunterai à Arthur Rubinstein. Dans ses Mémoires[1], il

---

1. *Les Jours de ma jeunesse,* Robert Laffont, 1973, p. 46.

évoque un professeur de sa jeunesse qui lui a laissé un souvenir ému : « Pour lui, la musique était joie pure – et il savait me faire partager cette joie. » Cette faculté est un préalable essentiel à toute pédagogie, et un bon début pour une tentative de définition de ce que doit être un pédagogue. Le plaisir musical partagé, ainsi que la joie de donner et d'apprendre, sont la récompense des efforts et de la patience du professeur et de l'élève. Cela peut remplir une vie.

# La liberté ou le son sans entrave

> *La liberté physique motrice, au piano, va de pair avec la liberté musicale, spirituelle. Un pianiste dont l'interprétation sera crispée ou hystérique aura un appareil moteur du même modèle. Les composants principaux de la musique, rythme et son, seront obligatoirement faussés.*
>
> Heinrich Neuhaus [1]

## La tenue au piano

Lorsque j'arrivai en Pologne, mon jeu présentait des carences sérieuses. Bien qu'ayant été reçu premier de ma promotion au Conservatoire de Paris, je réunissais tous les défauts de l'école française de l'époque, aggravés par des imitations glanées au hasard en écoutant des pianistes russes. La première

---

1. *L'Art du piano*, Van de Velde, 1971, p. 80.

chose qu'exigea Sztompka fut que je corrige la façon de m'asseoir. Il m'expliqua les avantages logiques d'une position idéale devant le clavier, en fonction de ma propre morphologie, m'invitant à m'asseoir plus bas qu'auparavant[2]. Je ressentis immédiatement les effets positifs de cette position nouvelle. Je ne l'ai plus jamais abandonnée et je l'ai adaptée à chacun de mes élèves.

Chacun doit trouver la hauteur idéale à partir de sa propre morphologie, en tenant compte des données suivantes :

a) *La bonne position du dos, c'est la verticalité* : il faut créer un axe vertical de la tête à l'appui fessier.

Lorsque le dos fait un angle droit avec le siège, la tête, par une loi d'équilibre, demeurant toujours à la verticale du point d'appui, le poids repose entièrement sur les fesses.

---

2. Ludwig Deppe, pianiste et chef d'orchestre allemand qui vécut de 1828 à 1890, fut l'un des premiers à tenter de codifier la technique pianistique. Auteur d'un article « sur les souffrances du bras chez le pianiste », Deppe fut l'initiateur d'une méthode qui se donnait pour but de combattre « la vieille école de la raideur » par le contrôle des mouvements musculaires. Le premier, il recommande l'usage d'un siège plus bas que celui utilisé auparavant : « La position basse prévient une dépense de force superflue. » À la même période, Leschetizky (1830-1915), célèbre professeur à Vienne, a contribué à rénover l'enseignement du piano. Toute une génération de pianistes, dont Paderewski, a été formée par lui. Comme Deppe, il préconise l'usage d'un siège bas (voir Paul Locard, *Le Piano*, PUF, 1954, p. 69).

Pour obtenir cette verticalité du dos, il suffit de s'asseoir au bord du tabouret de manière que le pli fessier soit au niveau de l'arête de ce tabouret. Car, si l'on s'assied au fond du siège, le point d'appui va se situer trop en avant de la cuisse ; la tête va alors provoquer une inclinaison du buste. Cette inclinaison est néfaste parce qu'elle entraîne un appui inconscient et incontrôlé du buste sur les bras.

b) *À cet axe vertical s'oppose un axe horizontal, qui va d'une épaule à l'autre.* Les épaules doivent être basses, les bras pendant librement, tels qu'on peut les observer chez une personne en marche. On plie alors le coude à angle droit, en laissant pendre la main puis on avance l'avant-bras vers le clavier pour laisser reposer la pulpe des doigts sur les touches.

On doit constater alors *un plan vertical qui va de l'épaule au coude et un plan horizontal du coude au bout des doigts* (voir dessins pages suivantes).

Ce sont ces données qui déterminent la bonne hauteur du tabouret.

La position de la main qui résulte de cette façon de s'asseoir est la suivante : le poignet sera légèrement en dessous du niveau du bout des doigts, le pouce posé à plat, les autres doigts arrondis, la pulpe en contact sur les touches non enfoncées.

c) *La distance au piano est déterminée par l'espace compris entre le corps et le clavier* : celui-ci doit être suffisant pour que l'on puisse passer aisément les bras devant soi.

Préparation initiale au clavier

# LA LIBERTÉ OU LE SON SANS ENTRAVE 39

*Position définitive*

## Inconvénients de la position haute

On ne se rend pas compte à quel point la position inclinée du buste implique une sollicitation constante de la musculature dorsale. Si cette dernière ne soutenait pas le buste, la tête tomberait sur le clavier. La musculature dorsale est donc obligée de maintenir le buste dans cette position oblique d'équilibre instable, en s'aidant des bras qui s'appuient alors sur le clavier. Les bras, à leur tour, seront fatigués par le poids constant du torse.

Afin d'alléger ce poids que l'on n'arrive pas à diriger, on sera amené à soulever les épaules et à sortir les coudes, ce qui sollicite sans cesse les deltoïdes (muscles de l'épaule qui permettent de soulever et écarter les bras).

Tout cela est responsable de fatigue, de douleurs du dos et des épaules amenant souvent l'impossibilité de jouer plusieurs heures d'affilée et pouvant même provoquer des tendinites.

Cela, sans compter les autres méfaits du poids au niveau de la main. Lorsqu'il supporte le poids du thorax, le bras s'appuie sur les doigts qui vont subir une contrainte constante et une pression que l'on ne pourra pas orienter, doser, équilibrer. Le doigt va alors presser le clavier, et écraser le son. Ces réactions en chaîne, provoquées par l'inclinaison du buste, constituent autant de barrages à la distribution fluide de l'énergie.

*Avantages de la position basse*

*La position basse et la verticalité du dos délivrent les bras du poids constant de la tête et du torse.*

L'autre avantage de s'asseoir bas, avec le poignet au-dessous du niveau du bout des doigts, est de dégager l'articulation métacarpo-phalangienne des doigts. *Libérée du poids du bras, cette articulation retrouve toute son amplitude.*

Dans cette position, où l'on obtient la verticalité du bras et l'horizontalité de l'avant-bras, l'arrière-main (l'appellation exacte est le talon de la main) est le point de rencontre du poids du bras et du poids de la main. Ces derniers vont se rejoindre comme un fleuve et son affluent.

Avec l'arrière-main lourde et une totale liberté d'articulation, on peut doser la préhension et obtenir le son que l'on a imaginé avant de jouer.

### Détente musculaire et économie d'énergie

Dans ma jeunesse à Alger, j'ai admiré la manière de danser des Noirs. Ils sont à mes yeux l'exemple même de corps unifiés où musique et énergie circulent librement. Quand ils sont capables de réaliser une polyrythmie avec les épaules et les hanches, que les pieds font autre chose et que les mains bougent comme des feuilles dans le vent, cela m'émerveille. Je crois que la quête d'un corps libre m'a hanté depuis.

Plus tard, je me suis intéressé à l'anatomie, à la physiologie, aidé par des médecins. J'ai voulu savoir comment les muscles fonctionnent, où ils se placent, quelles inductions ils ont dans le jeu pianistique et connaître le chemin qu'emprunte l'influx nerveux.

On devrait enseigner tout cela dans les Conservatoires. Les pianistes des pays de l'Est commencent logiquement par apprendre la physiologie du corps, la concentration, la relaxation. On leur explique clairement les problèmes de tenue au piano, de respiration, de détente musculaire et de dynamisme sonore. Ils apprennent à gagner en puissance tout en économisant l'énergie.

Chopin disait: « la souplesse avant tout ». Encore faut-il que les élèves sachent comment être souples et ne confondent pas souplesse et mollesse, énergie et crispation. Lorsqu'on est souple, on n'est jamais mou: on est libre.

*Il faut trouver une liberté totale du bras depuis l'épaule et le dos jusqu'au bout des doigts sans négliger le coude et le poignet, qui sont comme des écluses que l'on peut ouvrir mais aussi fermer, si on les bloque.*

On n'insistera jamais assez sur le rôle du poignet dans la liberté du jeu. Pour le bras et la main, il agit comme un poumon, permettant aux muscles de s'oxygéner. Comme il en va de la souplesse de la cheville pour le pied, la souplesse du poignet évite toute tension dans le déroulement d'un trait. Pour être libre, il faut ouvrir les conduits d'une manière consciente, et faire passer par là une énergie que l'on dose.

Jouer, c'est transformer l'inertie en énergie. Le passage de l'inertie à la mobilisation de l'énergie est très difficile. L'inertie, la non-activité, n'est pas un état léthargique : comme en phase de sommeil paradoxal, dans un corps au repos la vitesse de fonctionnement du cerveau est fulgurante. Cet état d'inertie va permettre l'élaboration du geste et du son d'une manière extrêmement rapide et précise. Comme un chat guettant sa proie, *c'est dans l'inertie que l'on prépare l'énergie.*

Quand on joue du piano, comme pour toute action rapide et efficace, *l'état permanent doit être la disponibilité.*

*Le moment de l'action dans la touche, où l'on envoie l'énergie par l'articulation du doigt, est très court. Il faut qu'il soit toujours précédé et suivi d'un temps de récupération, de repos, qui est proportionnellement plus long.*

C'est si rapide. Cela ne se chiffre pas même en seconde. J'évoque toujours pour faire comprendre ce mécanisme à mes élèves, le fonctionnement du cœur, contraction brève et dilatation longue, systole et diastole. Si les circuits ne sont pas libres, la réaction première est la crispation, donc l'impossibilité totale d'une vitesse et de réflexes qui se fortifient dans la liberté.

Lorsqu'un gymnaste fait de l'acrobatie aux barres parallèles ou au cheval d'arçons, on lui a appris à penser le déroulement du film constitué par les différentes étapes de son action, comme si son cerveau dessinait à l'avance le circuit à faire ; grâce à cela, il est capable de bondir comme un félin.

*C'est l'anticipation de l'action qui crée la puissance irrépressible de l'énergie qui part du repos.*

## Poids et énergie

Il est très important de faire la différence entre le poids du bras qui ne varie pas, et la force du bras à laquelle correspond une énergie qui varie, elle, et que l'on dose.

Bien des erreurs viennent du fait que l'on confond poids et énergie.

*Le poids naturel du bras libre et abandonné est constant.*

Sa masse pondérale est allégée par le mouvement, à l'instar de celle d'un avion au sol, qui deviendra plus légère du fait de la fantastique vitesse qui la propulse.

*L'énergie est commandée par le cerveau ; ce sont nos sens qui transmettent au cerveau le dosage d'énergie à utiliser.*

## L'articulation

Le doigt est moteur. C'est lui qui véhicule l'énergie, qui transporte le poids, qui articule et produit le son. L'articulation consiste en un mouvement composé de deux phases successives : extension et flexion du doigt. Tout cela au niveau du métacarpe, le poignet demeurant totalement libre.

*L'extension, aussi fulgurante qu'une impulsion électrique, correspond à l'appel de l'énergie. La flexion du doigt, quasi instantanée après cette extension, produira le son.*

Un doigt qui n'articule pas ne produit pas d'énergie, par conséquent, il ne peut émettre qu'un son artificiel, résultant d'une compensation ; c'est alors le poids du bras qui produira le son.

Lorsqu'une touche est enfoncée, c'est qu'elle vient d'être frappée d'énergie. Si on dépense son capital-énergie par un geste intempestif induisant une crispation, avant même d'avoir touché le piano, c'est le bras qui va jouer. Il va y avoir un choc, exactement comme lorsqu'on lance une pierre contre un mur ; il n'y a pas d'effet de rebondissement.

*Ce qui donne sa beauté au son, c'est la concomitance entre l'énergie envoyée par le doigt qui articule et la rencontre avec la touche.*

## Le toucher

Le contact avec les touches se fait par la pulpe des doigts. La peau y est très sensible puisqu'elle contient les dernières ramifications des nerfs sensitifs. Le toucher est donc la conscience qu'a le pianiste de la rencontre de la pulpe digitale avec la masse du clavier. Or le clavier est une énorme masse et la main est quelque chose de très fragile. Souvent cette rencontre se transforme en duel entre le corps et le piano.

*Ce qu'il faut absolument éviter, en créant une zone que l'on ne traverse pas, que j'appellerais zone de confrontation, et de vibration. Il faut garder la conscience de la rencontre avec le clavier, et avoir le sentiment que la force est une énergie qui se transmet sans traverser cette zone.*

C'est une notion très abstraite. Cela se travaille à l'aide de métaphores, de sensations qu'on dissocie, qu'on renforce, qu'on affine et qu'on globalise. C'est tout un travail d'élaboration qui conduit à jouer de près.

*Il s'agit de rebondir contre cette masse solide afin de ne pas écraser et saturer le son.*

Pour comprendre cela, j'utilise souvent la comparaison avec la membrane de peau tendue sur un tambour, mise en vibration par un maillotin qui la frappe et s'en expulse afin de la laisser vibrer, rebondissant ainsi après chaque action.

## LA LIBERTÉ OU LE SON SANS ENTRAVE    47

*Au piano, on doit traiter le doigt comme un maillotin qui mettrait la touche en vibration,* – si on assimile la touche au tambour, à la différence près que le doigt maintient la touche enfoncée (le piano n'ayant pas la possibilité de faire durer le son une fois la touche quittée) – *le rebondissement s'effectuant en relâchant la pression du doigt, ce qui induit le regonflement de la pulpe.*
*Ainsi laisse-t-on vibrer le son, qui est écrasé si la pression du doigt demeure au-delà d'un certain temps.*

La pression est de plus nuisible si elle persiste parce qu'elle induit une crispation qui se perpétue et qui engendre la fatigue musculaire. Pression inutile au demeurant, sauf au moment très bref de l'attaque, puisque le son, au piano, est non modifiable en intensité – au contraire de la voix ou des instruments à cordes qui ont la possibilité de renforcer un son émis dans une nuance pianissimo – et ne peut donc que s'éteindre.

Si j'ai l'air d'enfoncer des portes ouvertes en rappelant que le son du piano est non modifiable après émission, que l'on veuille bien me pardonner. Il est des évidences qu'il ne faut pas avoir peur de souligner, lorsqu'elles sont fondamentales.

Pour ne citer qu'un exemple de ce à quoi une méthode inféodée à la subjectivité et dépourvue de toute base scientifique peut aboutir, je rappellerai ceci : « Il y a cent ans, les professeurs enseignaient, pour faire vibrer la corde avec plus de suavité, un toucher velouté appelé *carezzando*, que l'on exécutait ainsi : le doigt caresse la touche en commençant par le milieu et en glissant vers le bord[1]. » Me croirez-vous si je vous dis que cela se pratique encore ?

C'est dans le choix subtil de la sensation du doigt sur la touche, grâce à l'antenne qu'est la pulpe digitale, que l'on doit préparer l'énergie, l'appeler et lui laisser la possibilité de trouver un chemin à travers le circuit brachial, sans être contrée par des tensions musculaires néfastes. Les exercices de « contact » sur les touches non enfoncées, sont d'ailleurs les premiers que j'impose à mes élèves.

*Plus on affine les sensations de la pulpe digitale, plus l'énergie va être distribuée à bon escient et passer sans aucune entrave dans le doigt.*

### Conclusions

On l'aura compris. Tout ce que je viens de dire s'inscrit en faux contre le souci d'avoir des doigts forts.

La théorie selon laquelle la main doit former une voûte doigts tendus, un pont capable de soutenir tout le poids du buste et des bras est ridicule ; pire,

---

[1]. Gerd Kaemper, *Techniques pianistiques*, Leduc, 1965, p. 44.

elle est responsable du son écrasé, du manque de liberté du bras, de crispations et de déformations graves. Il faut laisser agir la main comme elle est faite, ne pas lui imposer une tension, des crispations, un carcan tel un gant de fer. Les pianistes qui adoptent cette position antinaturelle qu'est la « voûte » jouent en contrainte permanente. On voit des mains atrophiées ou hypertrophiées à force de contraintes.

L'obsession de rendre les quatrièmes et cinquièmes doigts solides fait qu'on les bloque. Ils ont une autonomie et une énergie qui leur est propre. Il faut les laisser libres, ils transmettront l'énergie aussi bien que les autres doigts.

Les méthodes contraires à la physiologie, telles que les notes tenues (exercice consistant à articuler un doigt le plus haut possible, en maintenant les quatre autres doigts enfoncés dans les touches, dans le vain espoir d'acquérir l'indépendance des doigts), l'articulation exagérée « comme des petits marteaux », la peur de manquer de force, tout cela traumatise les muscles pour des décennies.

À quoi servent des bras de culturiste pour enfoncer une touche de soixante-dix grammes ?

On ne se rend pas compte de l'efficience de l'extension d'un muscle. Pourquoi traumatiser des bras, des dos, des nuques, pourquoi torturer des mains ?

Si l'on peut transmettre un bon enseignement qui a fait ses preuves, au lieu d'inventer, ou de continuer à propager des aberrations en tout genre, on n'aura plus besoin de réparer des tendinites. Le corps ne ment pas : lorsqu'un geste n'est pas naturel, non seulement l'effet produit est faux (position des bras, attaque, sonorité, etc.), mais une fois que l'on a constaté les dégâts, il est souvent trop tard. Car la force, la volonté, l'énergie de la jeunesse, cette énergie que l'on met à vouloir acquérir un niveau, atteindre un but est une force que l'on ne retrouve pas plus tard. Elle est tempérée dans la maturité par la réflexion et la sagesse. Lorsque la puissance et la force d'un être jeune servent une bonne technique, cela produit des résultats excellents ; mais s'il imprime en lui des déformations, celles-ci peuvent être irréversibles.

# L'interprétation

> La beauté résulte de l'accord de l'imagination et de l'entendement en leur libre jeu [1].
> Le désir de plaire ou d'étonner écarte toujours l'artiste de son vrai chemin [2].
>
> ALAIN

J'ai eu des élèves du monde entier et je m'aperçois que les carences sont les mêmes, partout. Quelles que soient leur origine et leur formation, les élèves ne comprennent pas suffisamment les œuvres, par manque d'analyse. Pour exprimer une émotion personnelle, ils déforment la phrase musicale trahissant l'exactitude du texte et son esprit.

Or, la personnalité n'est que l'intelligence mise au service du texte, intelligence qui permet d'analyser et

---

1. Cité par Alain, « Des acrobates », *Système des Beaux-Arts*, Gallimard,1920, p. 58.
2. « De la matière », *Système des Beaux-Arts, op. cit.*, p. 37.

de déceler les composantes émouvantes d'une œuvre, d'en restituer la beauté en éliminant toute fausse sensibilité.

Avant tout, il faut prendre conscience du contenu, du sens poétique de l'œuvre à étudier. Une fois le but clairement défini, il s'agit de se donner les moyens d'y parvenir. Les meilleures intentions musicales sont trahies si l'on n'apprend pas à utiliser ses muscles pour trouver l'aisance et la liberté du bras, et si l'on ne comprend pas comment calmer l'oreille pour écouter le son que l'on émet.

Pour construire une interprétation, il y a trois éléments fondamentaux dont un artiste véritable doit se soucier :
– le rythme qui est la charpente de l'œuvre ;
– le son qui est le matériau utilisé pour bâtir cette œuvre ;
– le style qui en est la forme architecturale.

Les anomalies, les imperfections de jeu, que je passe ma vie à corriger, en tant que pédagogue, ont trait à l'un ou l'autre de ces éléments ; ou plutôt à l'un et l'autre, car il y a interpénétration du rythme et du son à chaque note jouée et, par voie de conséquence, du style.

C'est pourquoi la division, nécessaire à l'écriture, en trois chapitres séparés – le rythme, le son, le style – reste artificielle. Elle m'amènera à des redites inévitables. Mais on n'insiste jamais trop ; tous les professeurs le savent.

# Le rythme

> *Un jeu dénué de tout pivot rythmique, coupé de la logique du temps et du déroulement dans le temps, m'apparaît comme un bruit informe. Le discours musical est défiguré, méconnaissable...*
>
> Heinrich NEUHAUS [1]

Le son et le rythme demeurent intrinsèquement liés, toujours, puisque la musique est un processus sonore qui se déroule dans le temps. Sans oublier qu'elle s'épanouit dans l'espace, aussi.

Pourtant, la notion de la place des temps dans l'espace est très souvent absente. C'est le défaut majeur en matière de rythme, et c'est celui de nombreux pianistes.

On ne pourra jamais comprendre une phrase musicale si on ne l'organise pas chorégraphiquement ;

---

1. *L'Art du piano, op. cit.*, p. 40.

si l'on n'imagine pas que les valeurs sonores constituent des mobiles dans l'espace, comme les planètes dans l'univers.

Un chef d'orchestre ne battra jamais un premier temps en levant la main. Ce serait un non-sens. Un premier temps est un appui; il est posé. Chaque temps suivant a une fonction précise.

Si l'on ne s'inspire pas de cette gestique, le rythme ne sera pas vécu : tous les temps seront prononcés de la même façon; la musique demeurera linéaire et dépourvue de dimension spatiale.

Au piano, outre son rôle dans le dessin du phrasé (groupes de notes par 2, 3, 4, etc., fins de phrase), le poignet permet d'indiquer la pulsation musicale dans l'espace. Par exemple dans les mesures à 2 temps, où un balancement se crée, le deuxième temps devenant la levée avant l'appui du premier temps.

La *2ᵉ Ballade* de Chopin, dont la mesure est à 6/8 (donc à 2 temps), illustrera ce principe. Au long des quarante-cinq mesures de l'Andantino initial, le même rythme se répète.

Ce passage ne trouvera son caractère véritable que si l'on pose le premier temps, et que l'on joue le second temps – le poignet effectuant un geste vers le haut – dans une nuance légèrement moins appuyée. On y gagnera une respiration naturelle et un allant de la phrase qui, sans cela, reste plate et stagnante.

[Partition musicale : Andantino, 6/8, sotto voce]

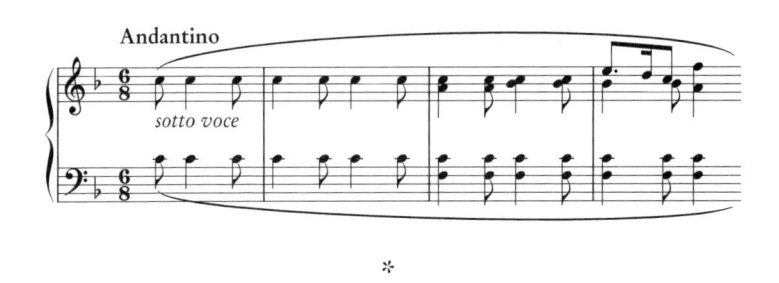

Les fautes de ryhme sont des fautes d'évaluation des valeurs, la plupart du temps :

– Si l'on n'a pas exigé de façon impérative, au cours de l'apprentissage, le respect absolu du rythme, on croit être en mesure alors que l'on déforme des formules aussi simples que ♩.♪.

– En transformant ce rythme binaire, le plus carré qui soit, en ternaire ♩♪ (triolet) et en lui ôtant ainsi toute fermeté, ou au contraire, en raccourcissant la double croche comme si c'était une appoggiature, dans les deux cas, on défigure le caractère de l'œuvre.

Confondre rythme binaire et rythme ternaire n'est pas une erreur légère. Alain, dans son *Système des Beaux-Arts*, définit ce dernier de la sorte : « Le ternaire a ceci de remarquable qu'il exclut la marche, et apporte ainsi toujours l'idée de loisir et de jeu. »

Imaginons la *Marche funèbre* de Chopin, construite sur la répétition de cette figure rythmique ♩.♪, jouée sans rigueur !

*Il faut avoir l'exigence de ne jamais s'absenter du rythme sous prétexte de l'interpréter. C'est le moyen le plus sûr de rendre l'interprétation musicale boiteuse.*

Cela est vrai pour tous les rythmes, pas uniquement pour ceux qui comportent une valeur pointée.

Lorsque Beethoven, dans l'Arietta de la *Sonate* op. 111, reproduit pendant quatre pages le même rythme obsessionnel, ce n'est pas pour que l'on s'en évade.

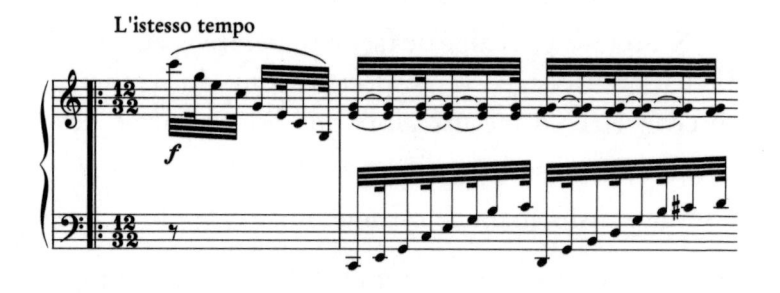

*Pour tous les rythmes comportant une valeur pointée suivie d'une brève* ♩ ♪, ♫, ♫, *je conseille de compter en décomposant à la plus petite valeur, surtout dans les mouvements lents.*

Ce comptage n'est pas que mathématique. La rigueur n'exclut pas la poésie : elle contribue à l'expressivité de l'ensemble.

Respecter l'exactitude des valeurs n'est pas difficile. Il suffit d'y apporter une attention constante. Le plus important, une fois cela acquis, est de vivre le rythme; c'est-à-dire de le faire entendre de sa naissance à sa fin. Ce qui est d'abord un problème d'écoute. Nous en reparlerons dans le chapitre sur le son.

*
* *

Dans l'interprétation de nombreux pianistes, lorsque se présente une série de doubles croches qui s'enchaînent, par exemple ♫♫♫♫ ♫♫♫♫, la quatrième double a rarement la même durée et la même articulation que la première du temps suivant.

*Que la pulsation soit par 4, comme ici, ou par 3, 6 ou 8 notes, il ne faut altérer ni l'articulation, ni la durée, ni le volume sonore de la dernière note d'un groupe, en la liant à la première note du groupe suivant.*

Il faut penser toutes les doubles croches (1,2,3,4,1,2,3,4) avec une attention particulière pour cette dernière note.

*
* *

Dans les mesures ternaires, une autre figure simple ♩ ♪ donne lieu à des dérives rythmiques courantes.

Le rythme est faussé parce que la noire est très souvent raccourcie. Il faut observer une justesse de durée absolue de la noire par rapport à la croche.

L'approximation, en matière de rythme, se révèle aussi grave qu'une erreur de quelques centimètres dans la construction de la charpente d'un toit. Tout l'édifice en sera de guingois.

*Un rythme imprécis altère le caractère spécifique de l'œuvre.*

Dans la *Barcarolle* de Chopin, les six mesures du *meno mosso* (72 à 78) préparent l'entrée du *sfogato* en *do* dièse majeur. Le rythme, toujours semblable, immobile, et comme appesanti par une angoisse diffuse, ralentit dans la dernière mesure, tandis qu'une succession d'accords chromatiques ramène la sérénité et la lumière de la tonalité majeure. Rater cette phrase sublime est impardonnable. Si l'on raccourcit la noire, on détruit tout ce passage ; on ne peut doser ni le rythme immobile ni le rythme ralenti.

# LE RYTHME

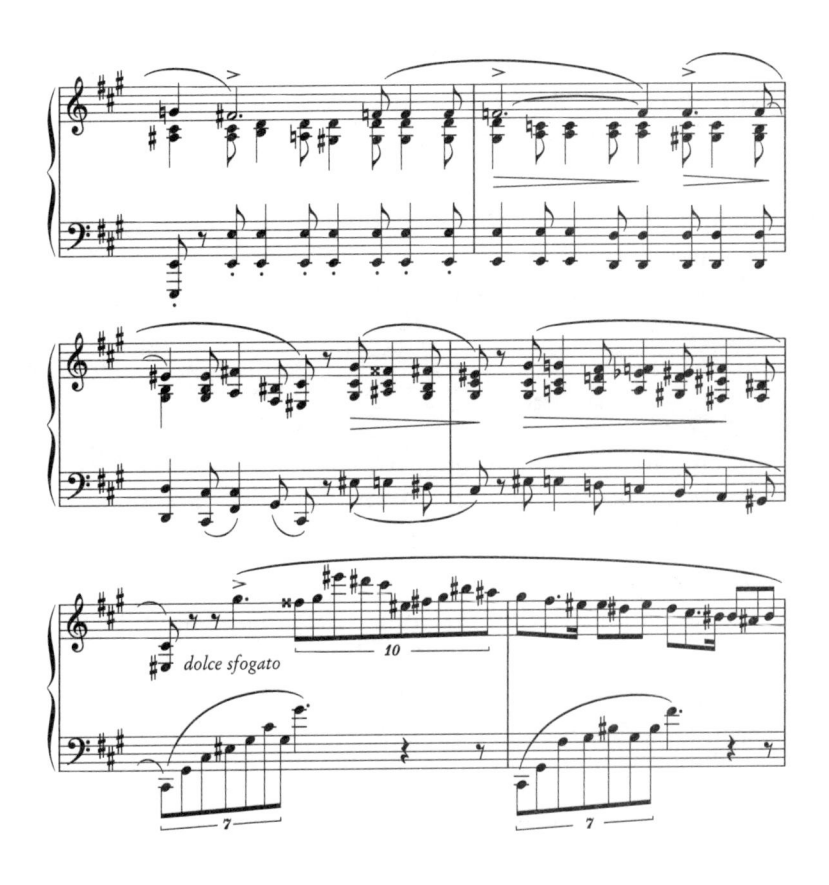

Dans la mesure à 6/8 ♩ ♪ ♩ ♪, outre cette exigence d'écoute et de respect des valeurs, il faut comprendre que la cellule ♩ ♪ est élargie par une seconde cellule similaire. Il ne s'agit pas d'une simple juxtaposition.

J'ai dit, au début de ce chapitre, qu'il faut faire entendre qu'une mesure à 6/8 est une mesure à 2 temps. Une mesure large.

On réalise l'erreur qui consiste à la considérer comme deux mesures à 3/8, au tempo rapide. Tout ce que le rythme dédoublé apporte comme ampleur se trouverait alors réduit et essoufflé. Une fois de plus, imaginons un chef d'orchestre : le geste dessinera le phrasé.

\*
\* \*

Sans le son, le rythme se résume à un roulement de tambour. Dans l'interprétation d'une phrase musicale, *chaque note jouée doit être le résultat de la cohésion totale entre le rythme et le son.* La dissociation de l'un et l'autre (bon rythme – mauvais son, ou bon son – mauvais rythme) détruit cette cohésion qui, seule, produit la synthèse du bon rythme et du bon son.

Chaque note a une valeur rythmique et une valeur sonore. Une ronde, une blanche doivent être jouées plus *forte* que des croches ou des doubles croches, en raison même de la brièveté du son au piano.

*Il faut donc évaluer le temps de résorption du volume sonore et ne pas donner à une note une vibration qui n'aura pas le temps de s'épanouir avant de disparaître.*

Il y a donc une adéquation à trouver entre le tempo choisi pour exécuter une phrase et la sonorité des différentes valeurs rythmiques de cette phrase. Il faut avoir la possibilité de faire sonner les notes selon leur durée, et respecter le rapport des valeurs sonores entre elles, à l'intérieur du rythme. Ce que la folie de la vitesse rend impossible.

C'est la méconnaissance de cette loi qui est responsable des faux accents.

Les notes brèves ayant, par définition, un temps de vie court, demandent une émission plus faible que les longues. Il faut comprendre que la note longue qui précède une note brève, véhicule son propre volume vers la note brève, et que l'on ne peut pas donner à une note brève une vibration trop forte pour sa durée.

*Il ne faut donc jamais accentuer une note brève* [1].

Dans les mesures composées, où l'une des cellules de base est la figure rythmique ♩ ♪, la croche doit être moins appuyée que la noire.

Dans les mesures simples, les figures rythmiques telles que ♫ ne doivent jamais être accentuées sur la double croche.

---

1. Sauf indication particulière du compositeur, soulignée par un signe d'accentuation ou de nuance, auquel on se conformera, bien entendu. Par exemple, dans *Voiles* (*Préludes*, Livre premier) de Debussy (mesure 18).

Une seule exception à cette règle : *la brève doit être prononcée avec accent si elle est placée sur le temps.*

Par exemple, dans la *Valse allemande* du *Carnaval* op. 9 de Schumann

*   *
 *

Une autre erreur fréquente se produit lorsque le compositeur demande un *accelerando* ou un *rallentando*. Souvent, les élèves se laissant emporter par le « sentiment », leur jeu devient chaotique. Au lieu d'un changement progressif, d'un *poco a poco*, on obtient un *subito*. Il faut savoir doser l'accéléré et le ralenti, et toujours conserver le rapport exact des valeurs entre elles.

*Afin d'obtenir une progression régulière, comme un moteur accélère sans à-coup, l'accélération et la décélération se réaliseront au moyen du même processus : en dédoublant à la valeur inférieure à la valeur écrite.*

Un trait en doubles croches se comptera à la triple croche, de plus en plus vite pour accélérer, de plus en plus lentement pour ralentir.

Quant à la tendance à renforcer le son en accélérant, ou diminuer en ralentissant, elle est le produit d'une confusion, fréquente elle aussi, entre *accelerando* et *crescendo*, *rallentendo* et *diminuendo*. Ce n'est jamais sous-entendu. Quand le compositeur indique *crescendo ed accelerando* ou *crescendo ma non accelerando*, tout est clair. Lorsque seul un *accelerando* est demandé, il n'y a aucune raison d'augmenter la nuance. Il s'agit dans ce cas d'une erreur d'évaluation de l'indication musicale.

Les changements de tempo intempestifs, plus lassants qu'un jeu métronomique, ne font pas vraiment partie des problèmes ressortissant au rythme. S'ils sont volontaires, c'est que l'interprète croit, à tort, rendre son exécution plus intéressante. Involontaires, il s'agit, dans ce second cas, d'un manque de maîtrise.

\*
\* \*

Le *rubato* constitue un des problèmes les plus délicats de l'interprétation pianistique. Il concerne le rythme en premier lieu puisqu'il s'agit d'un assouplissement du temps métronomique, mais pas uniquement. C'est aussi un problème de sonorité et d'écoute, enfin, un élément important du style. J'aurais pu en parler dans n'importe lequel de ces chapitres.

*Cette liberté rythmique passagère est une liberté surveillée.*

Plus un interprète possède le sens de la structure rythmique d'une œuvre, plus il sait utiliser cette liberté de façon logique afin de servir l'expression, sans trahir le style ni installer le chaos.
Je crois nécessaire d'approfondir ce point fondamental en l'illustrant par quelques exemples.

*a) Le rubato généré par une note longue :*

Prenons d'abord pour exemple la *Rêverie* de Schumann *(Scènes d'enfants)*

Dans cette mélodie, deux notes longues (les deux blanches *fa*) constituent des points d'appui expressifs, des points de tension. Ces notes ont un volume sonore supérieur (comme toutes les valeurs longues) à celui des notes courtes de la mélodie. Dans le rubato, ces notes longues, flexibles, vont être allongées.

*En étirant les valeurs longues* – on imagine la courbe du son tel un roseau qui se ploie – *on évacue la tension émotionnelle avant d'aborder les notes brèves.*
Grâce à leur extension (ce temps « dérobé », en italien *rubato*), *ces notes longues deviennent le réservoir sonore et émotionnel dans lequel on va puiser la liberté d'articuler les valeurs brèves de façon calme et régulière.*

On ne doit jamais, sur le plan de la mesure, disloquer les valeurs courtes, en presser quelques-unes, en ralentir d'autres, au point de créer quasiment des arrêts, puis presser de nouveau, sinon on remet en cause l'échelle des valeurs. À cette seule condition, le rubato sera naturel.

Voyons ensuite, comme deuxième exemple, la 1*re* **Ballade** de Chopin :

La note longue *do* initiale, que l'on allonge, génère tout l'arpège articulé (si l'on fait abstraction des notes *mi*, *la* et *si*) autour de trois autres *do*, émis chaque fois à l'octave supérieure.

On peut donc dire que le *do* grave en a généré trois autres ; telles des gouttes d'un même son, ces notes vont émailler l'arpège. La façon d'organiser l'enchaînement de ces gouttes de son fait que le rubato est naturel ou pas.

À chaque octave, la réserve du son de *do* sera le vecteur d'un mouvement régulier, ni mathématique, ni rigoureux (ici, on accélère très légèrement), mais en aucun cas disloqué.

*b) Les mélodies ondulantes de Chopin :*

Dans le *1<sup>er</sup> Nocturne* de Chopin (op. 9 n° 1),

il s'agit d'organiser le déroulement de la mélodie en petites notes de nombre impair (ici, 11 notes) tandis que l'accompagnement est constitué d'un nombre inférieur de notes pair (ici, 6 notes), – ou le contraire, mélodie en nombre pair, et accompagnement impair.

La main gauche étant régulière – Chopin nommait la main gauche « le maître de chapelle qui ne peut faillir » –, on fait se rencontrer les notes de la main droite avec celles de la main gauche (certaines notes tombant ensemble, d'autres étant en décalage) de la façon la plus heureuse sur le plan harmonique. Le découpage donnera le rubato.

Par exemple, deux notes à la main droite pour une à gauche, puis, trois notes pour deux, quatre pour trois, etc., de façon à accélérer peu à peu avant de ralentir à nouveau ou, au contraire, à créer un accelerando continu, suivant les impératifs expressifs.

Le rubato doit donner le sentiment de l'improvisation, alors qu'en fait il est parfaitement organisé. Les petites notes de la main droite sont une simple accélération de la mélodie et non des traits de virtuosité comme chez Liszt ; donnant une impression de légèreté, elles possèdent néanmoins une matière, une densité, une structure.

La main gauche a une fonction harmonique, mélodique et rythmique, pas métronomique : elle a une mesure souple qui peut ralentir, mais elle ne doit jamais être disloquée.

Liszt disait de Chopin, qu'il « faisait toujours onduler la mélodie comme un esquif sur le sein de la vague puissante ». L'image de l'esquif sur la vague permet de comprendre pourquoi il ne faut pas disloquer l'accompagnement. Lorsqu'une vague soulève un bateau, c'est en entier que celui-ci va bouger, mais le pont-avant ne s'éloignera pas du pont-arrière.

*Le rubato est un ensemble que l'on transporte avec flexibilité mais sans dislocation.*

*
* *

Reste à dénoncer une imprécision rythmique, celle des silences. Toute musique part du silence et y retourne. Préalable à la décision de commencer à jouer, le silence est à la musique ce que la toile blanche est à la peinture. Interruption du son au cours de l'œuvre, il est encore musique. « Dans tout autre art que la musique, il y a contradiction entre le silence et l'expression... dans le domaine musical, cette contradiction disparaît, d'où la prérogative essentielle de la musique, qu'on peut définir comme l'admission du silence aux dimensions de la parole[1]. » Point final de l'œuvre à l'expiration du dernier son, le silence doit être à nouveau instauré, avant le retour aux bruits du monde. Il appartient à l'interprète de le faire entendre, aussi.

C'est dire l'importance du respect de la durée des silences. Dans le meilleur des cas, les élèves comptent en jouant; mais le rythme aléatoire pendant les

---

1. Didier Raymond, *Mozart, une folie de l'allégresse*, Mercure de France, 1990, p. 20.

silences est trop souvent la règle. La rigueur de la mesure est impérative. Je dirai, comme Alain : « Le bon musicien se reconnaît à ce qu'il compte les silences. » Un silence est un temps compté dans sa pulsation et vécu dans son expression.

# Le son

> *Les sons émeuvent toujours... c'est ce qui fait dire que la musique excite les passions ; on oublie que toute passion s'exaspère par ses effets, de quoi la musique nous délivre.*
>
> ALAIN [1]

Le son est au musicien ce que la couleur est au peintre. La musique étant l'art des sons, le travail sur le son devrait être essentiel pour le musicien. Cette vérité première semble oubliée, principalement par les pianistes qui n'ont pas eu, comme les violonistes, au premier temps de leur formation, la nécessité d'apprendre à produire chaque note avec le son le plus juste et le plus parfait possible.

L'éducation de l'oreille survient souvent bien plus tard chez les pianistes – quand elle survient. Au cours

---

1. « Des bruits rythmés », *Système des Beaux-Arts, op. cit.,* p. 126.

des études, la préoccupation technique, au sens étroit du mot, prédomine pour beaucoup d'élèves. Leur sonorité est tantôt forcée, tantôt inexpressive et plate, leur discours insipide. Ils ne s'en doutent pas. Ils ne savent pas écouter.

La sonorité, c'est-à-dire la qualité expressive du son, est liée à l'oreille musicale.

Plus l'oreille est raffinée, plus le son est expressif. Éveiller la curiosité pour le son est chose facile, même chez un enfant. Lui faire reconnaître un son, sa hauteur, sa couleur, son intensité, en mesurer la durée constituent la base de ce qu'on appelle la formation de l'oreille. Ensuite viendront la découverte de l'univers sonore, l'appréciation des timbres, l'émotion produite par la vibration du son.

J'ai beaucoup enseigné aux enfants. Le premier exercice d'écoute consiste à leur demander de faire un signe lorsqu'ils n'entendent plus la vibration d'une note jouée. S'obliger par la concentration à vivre la vie complète du son, c'est-à-dire l'écouter depuis son émission jusqu'à sa fin, est primordial.

*Un pianiste ne peut concevoir la qualité d'un son que si son oreille perçoit toute la durée de la vibration de la corde, jusqu'à son extinction complète.*

Une fois le son émis, il ne faut pas seulement écouter l'extension de son volume, il faut aussi en imaginer la courbe dans l'espace. La matérialiser visuellement, tel un tracé lumineux.

## LE SON

*Il faut écouter, et même se figurer dans l'espace, la courbe du son, son apogée, sa décroissance, sa chute.*

*
* *

Pour moi, le son est toujours associé à la lumière. Si je devais donner une définition de la beauté sonore, j'évoquerais la lumière mystérieuse et douce de la lune, parfaite dans le ciel sombre. En poursuivant cette comparaison, les sons parfaits naissant du silence comme d'un écrin seraient assimilés à des éclats de lumière lunaire.

Faire chanter le piano, dont la sonorité est plus abstraite, moins directement sensuelle que la voix, ou le violoncelle, cela s'apprend. Si musicien que l'on soit en naissant, le travail sur le son est indispensable pour recréer le chant intérieur à l'instrument : « ça se développe » comme disait Arthur Rubinstein.

Il convient, en premier lieu, d'acquérir la capacité de traduire toutes les nuances, que la dynamique exceptionnelle du piano rend possibles. Ensuite, il faut apprendre à construire un phrasé, le moyen même de donner un sens à la phrase prononcée; enfin, résoudre le principal problème posé par la polyphonie : la différenciation des plans sonores.

*Le travail sur le son est indissociable du travail technique et de l'œuvre travaillée.*

\*
\* \*

Lorsqu'on lit une partition, la structure de l'écriture, la masse sonore des accords, le déroulement horizontal de la mélodie, la polyphonie, le contrepoint, le phrasé, renseignent sur la nature du texte et les idées de l'auteur. Le décodage effectué par les yeux se double de celui de l'oreille. Devenue réflexe chez les musiciens, la connexion est directe entre l'œil et l'oreille : en lisant un texte, comme on lit un livre, en dehors de l'instrument, on l'entend et on en imagine l'univers sonore.

« L'œil écoute » pourrait-on dire en paraphrasant Claudel qui intitula ainsi une de ses œuvres.

*La manière d'entendre à l'avance la musique à interpréter déterminera le choix de l'articulation du doigt apte à produire le son imaginé.*

Je ne reviendrai pas, ou peu, sur l'articulation et le toucher, que j'ai déjà traités dans le chapitre intitulé « La liberté ». Mieux valait, à mon sens, aborder ces paragraphes essentiels dans la suite logique d'un système cohérent, qui va de la façon de s'asseoir à la production du son, en passant par l'économie d'énergie.

Nous ne parlerons ici que d'écoute du son, de construction du phrasé et d'équilibre des plans sonores.

## L'ÉCHELLE SONORE

Trop de pianistes se contentent d'observer la nuance indiquée. À l'intérieur d'un *pianissimo* ou d'un *forte*, ils se bornent à jouer toutes les notes avec une sonorité égale. De là naît un ennui, une platitude incompatible avec le discours musical. Imaginons un acteur de théâtre susurrant ou hurlant une tirade entière... Toute explication devient immédiatement superflue.

Beaucoup de professeurs essaient d'éveiller l'imagination de leurs élèves en parlant de couleurs. Mais cela reste trop vague et d'une application aléatoire. En ce qui me concerne, l'échelle sonore est un moyen très simple pour rendre un phrasé vivant.

*Si l'on imagine verticalement le clavier et que l'on considère les touches comme des échelons à gravir, on comprend que grimper d'une quarte nécessite une tension, un effort virtuel plus grand que monter d'une seconde. De même qu'un instrumentiste à vent doit faire un effort du souffle en montant vers l'aigu. À l'inverse, redescendre représente un relâchement.*

La verticalité imaginaire de l'échelle sonore fait mieux percevoir que l'horizontalité réelle du clavier cette notion d'effort ou de détente, selon que l'on monte vers l'aigu ou que l'on descend vers le grave. Or, virtuellement on doit accomplir cet effort, qui se traduit par un crescendo (tension) en montant, et un diminuendo (relâchement) en descendant.

C'est à travers cette vision que l'on peut construire un phrasé comme on fait un dessin géométrique, en partant d'un point (d'une note) avec un segment limité par un autre point (seconde note), et ainsi de suite, la longueur des segments dépendant du nombre de degrés inclus.

Dans le *Presque trop sérieux* des *Scènes d'enfants* de Schumann,

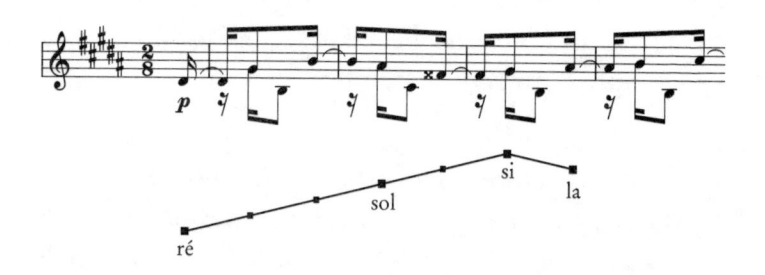

c'est *l'appréciation de la tension d'un intervalle qui, dans un même camaïeu sonore* (par exemple une même nuance *pp*, ou *f* pour six mesures), *permet de donner le sentiment de la mobilité et non celui de la stagnation.*

Si l'on ne dispose pas de cette mobilité intérieure, cette sorte de déplacement du souffle, tout devient insensible et sans vie.

## Construire une phrase

Pour construire une phrase musicale, on doit évaluer le souffle nécessaire au parcours à effectuer. La réserve de souffle doit coïncider avec le déroulement de la phrase. Les notes essentielles, celle de début, celle d'appui, celle d'apogée et celle de fin, sont les balises par lesquelles le souffle arrive au point culminant de la phrase, puis s'élimine.

*La meilleure façon de comprendre un phrasé, c'est de le « désosser » : c'est-à-dire de repérer les notes essentielles et les notes de passage. Elles n'ont pas la même valeur sur le plan du rythme, ni sur celui de l'expression. Elles n'auront donc ni le même son, ni la même tension émotionnelle.*

C'est à partir de ce bâti (comme le bâti d'un vêtement, avant la couture) que la structure s'établit et donne aux notes secondaires qui relient les points essentiels leur intensité et leur couleur.

## Fréquence d'une même note dans une mélodie

S'il était encore besoin d'un exemple pour comprendre l'imbrication du rythme et du son, celui-ci en serait une illustration parfaite.

La fréquence de l'émission d'une même note, placée sur des temps ou parties de temps différentes, dans une même phrase, véhicule le souffle de cette phrase.

*Chaque fois que cette note apparaît, elle doit avoir une sonorité différente, parce que sa fonction d'appui et de respiration est différente.*

Deux phrases musicales me viennent spontanément à l'esprit, à propos d'un phrasé construit sur la répétition d'une même note. Les deux sont de Chopin : l'une est extraite de la *Polonaise-Fantaisie*, l'autre de la *2ᵉ Ballade*.

LE SON

Dans ce thème de la *Polonaise-Fantaisie*, toute la phrase est construite sur ces quatre *si* bémols. Ces derniers ne peuvent être émis avec la même intensité sonore à chaque fois, cela produirait une monochromie insipide.

En littérature, on appelle cela « formule d'insistance ». Qu'on se réfère à Molière et son fameux « Du poumon, du poumon, vous dis-je ! ». Lorsqu'on se répète, c'est pour être entendu. À la différence près que dans une phrase musicale, on ne hausse le ton, au moyen d'un crescendo, que jusqu'au point d'appui principal, l'apogée de la phrase. Après quoi, on conclut, en diminuant d'intensité. Ici, le troisième *si* bémol marque l'apogée, le quatrième amorce la conclusion.

Dans cette phrase de la *2ᵉ Ballade*, la note *la* apparaît six fois. Le rythme est répétitif. Tout tourne autour du *la*. On a un sentiment apparent de stagnation. Pourtant la phrase avance. Comme lorsqu'on se trouve sur un tapis roulant : tout en étant immobile, on se déplace dans l'espace.

Les différents *la* doivent être articulés en fonction de leur place dans la mesure, c'est-à-dire de la respiration des temps. Ils doivent véhiculer le souffle et, par la diversité de leur couleur sonore, supprimer le risque de monotonie. Il y a ici une progression de trois mesures. L'intensité de ces *la* doit varier en fonction du point d'appui le plus intéressant de cette séquence, c'est-à-dire le troisième point d'appui sur le premier temps, représentant le sixième *la*.

## Le crescendo

Le crescendo doit venir du cœur. Né et conduit par le sentiment, il découle d'une vérité d'expression de façon directe. Tandis que s'il est produit par la force musculaire, ce que l'on pourrait appeler un « crescendo musclé », il aboutit à un écrasement des sons, un déferlement, jeté sans nécessité et ne signifiant rien.

*D'une manière générale, il ne faut pas confondre intensité du sentiment et intensité sonore.*

Quand on bâtit une œuvre, il faut non seulement comprendre physiologiquement comment produire les sons, les rythmes, etc., mais aussi savoir fonctionner sur le plan physiologique. Tout ce qui est émotionnel doit être momentanément écarté. Ensuite, lorsque les deux plans sont intégrés, la synergie se fait naturellement.

## LES BASSES

Très souvent les jeunes pianistes, grisés par le sentiment de puissance qu'apporte l'extraordinaire volume sonore des basses, et croyant rendre leur jeu plus intense ou donner plus de souffle à leur phrasé, abusent de ce volume.

Au piano, les graves couvrent les aigus. Aux grosses cordes est dévolue l'harmonie; aux autres cordes, les chants. Bien que ces dernières soient triplées, le chant est toujours submergé par les basses lorsqu'on les tonitrue. Le chant est alors saccagé, envahi par l'harmonie qui couvre tout. Or, le discours c'est le chant. Une œuvre ainsi jouée devient « un cavalier sans tête » (H. Neuhaus); elle est inaudible.

*La main gauche, responsable de l'harmonie, tient un rôle très important : l'harmonie est ce qui colore, ce qui identifie le chant. Elle doit être comme une fondation sonore sur laquelle le chant se développe, mais ne jamais le supplanter.*

On a intérêt à distancier les plans sonores afin de donner du relief. Si l'on joue la main gauche très *piano*, on la fera mieux entendre que si on la joue trop fort et qu'elle submerge l'intérêt que l'on porte au discours musical. Il faut que l'accompagnement reste assez discret pour que l'oreille soit attirée par cette discrétion.

Cela est vrai quel que soit le style de l'œuvre exécutée : l'écriture de Chopin ne supporte pas le vacarme des basses. Même dans Rachmaninov, qui fait volontiers passer des ouragans sur le piano, de bas en haut, il faut équilibrer les volumes sonores, sinon on atteint l'insupportable. Le manque de raffinement de l'oreille est responsable des basses transformées en grondement.

## L'ÉCOUTE OBLIQUE

Dans la polyphonie, l'alchimie sonore s'opère en contrôlant le rapport des volumes et de leurs vibrations. L'aération entre les divers plans est une nécessité : il faut faire entendre distinctement et de façon expressive le chant, l'accompagnement et les voix secondaires.

*La musique s'entend horizontalement, verticalement et obliquement.*

Lorsqu'une note immobile de valeur longue se trouve au-dessus, ou au-dessous, de plusieurs notes mobiles de durée plus courte, chaque note mobile crée avec la note immobile une sorte de rayon sonore, comme un éventail qui s'ouvre. Cet éventail est composé de toutes ces vibrations obliques, à partir d'une note fixe qui colore chaque note mobile.

En écoutant sur chaque note brève la résonance de la note longue qui doit perdurer, et seulement grâce à cette exigence d'écoute, on peut doser les sonorités de chaque voix.

*L'écoute oblique détermine la clarté des galeries de la polyphonie.*

Schubert, *Impromptu en sol bémol majeur*

## LES ARPÈGES

Lorsque l'on doit jouer un arpège ascendant, on dispose d'un grand volume sonore puisque ce sont les basses qui commencent. Si l'on utilise ce volume sonore dans sa plénitude, dès les premières notes, celui-ci n'aura jamais le temps de se distribuer sur toute la longueur de l'arpège qui arrivera éteint.

*Il faut commencer l'arpège piano (quelle que soit la nuance indiquée) afin d'engranger et non de délivrer d'un seul coup la sève harmonique.*

Comme la sève d'une plante, celle-ci va alors se diffuser à travers tout le clavier et donnera une belle sonorité à l'arpège, qui se terminera comme une fleur épanouie au bout de sa tige.

### Les traits rapides

Nous l'avons vu au chapitre précédent, chaque note a une valeur sonore en fonction de sa valeur rythmique. Rappelons qu'il ne faut pas donner à une note une vibration qui n'aura pas le temps de s'épanouir avant de disparaître.

*Dans les traits rapides, le volume sonore de chaque note doit être évalué en fonction de la juxtaposition de ces volumes.*

Il ne faut donc pas créer de débordement sonore d'une note sur l'autre, ce qui a lieu en cas d'excès de volume sonore, car cela entraîne un amalgame et donc un manque de netteté dans l'émission de chaque son. Un trait rapide en triples croches ne peut être joué que *piano*.

# LE SON

Dans ce passage de *Méphisto Valse* de Liszt, la main gauche en accords sera jouée *fortissimo*. Les arpèges de la main droite *piano* avec un très léger *crescendo* au sommet et retour au *piano*.

## LES ACCORDS

Il m'arrive souvent, lorsque j'entends des accords au son étriqué, de donner à mes élèves ce conseil imagé : « Prenez le ciel comme caisse de résonance. » Si l'on veut jouer des accords pleins avec une belle sonorité, il faut imaginer la diffraction du son à l'intérieur du dôme d'une église, où les voix s'extravasent, tournent et résonnent. Si l'on n'a pas la vision de ce dôme – j'extrapole en disant le ciel – le son est mort-né. C'est une vue de l'esprit, mais c'est lié à une fonction physiologique réelle.

Au moment de l'attaque, si l'on ramasse son énergie pour jouer un accord vers le bas, tout se passe comme si on prenait son élan pour courir un cent mètres et que l'on soit arrêté par un obstacle au bout d'un mètre. L'énergie va être arrêtée aussitôt par la contingence que représente le clavier. Dès l'enfoncement de la touche, celle-ci va buter sur le sommier. La résistance arrivant trop vite fait avorter l'amplitude de la sonorité. Cette dernière ne peut se manifester de façon ample que dans la mesure où elle n'a pas d'obstacle pour vibrer.

*Il faut imaginer l'explosion du son sans limitation, mourant doucement dans l'espace et non matériellement absorbé par quelques centimètres de clavier.*

À cette imagination correspond un geste physique : *il faut jouer les accords vers le haut, c'est-à-dire attaquer les notes de près en effectuant un mouvement du poignet de bas en haut.*

Ce geste, accompagné par le redressement de la tête et du buste, afin de mieux concentrer l'écoute sur les sons que l'on vient de projeter vers le haut (le ciel), est en lui-même une attitude d'élévation. « La beauté du geste et de la sonorité est un critère dont il ne faut pas faire fi », écrivait Deppe [1]. L'une ne va pas sans l'autre.

## La pédale

Jusqu'ici, cet ouvrage s'est proposé d'expliquer la production du son – cela, grâce à la liberté physiologique, contrôlée par l'oreille – ainsi que la manière de bâtir une interprétation. Tout cela en dehors de l'usage de la pédale. Il est temps maintenant de parler de cet élément essentiel du jeu pianistique.

La pédale a pour effet premier de remédier à la brièveté de son du piano ; libérant les cordes de la pression des étouffoirs, elle enrichit chaque note d'une résonance qui la colore et l'amplifie. C'est l'équivalent du vibrato du violoniste ou du chanteur. Outre cet effet, la pédale permet de lier, de manière artificielle, des notes trop éloignées entre elles. Enfin la superposition des sons et de leurs harmoniques, qu'elle seule permet de produire, crée une couleur et un halo sonore qui donnent à une œuvre le caractère souhaité par le compositeur.

Très peu d'œuvres peuvent être jouées sans pédale. Même dans Bach, elle s'avère le plus souvent nécessaire – quitte à déplaire aux puristes, lesquels oublient que le clavecin ne possède pas d'étouffoirs, ce qui prolonge la vibration de la corde. L'usage de la pédale est donc constant et d'un emploi délicat.

---

1. Voir p. 36.

*Il convient d'en user avec parcimonie, d'un pied léger, non d'en abuser.*

Un bon interprète saura quand employer une pédale ouverte, syncopée, concomitante, une demi ou un quart de pédale. Il n'emploiera pas la pédale *una corda* au moindre *pianissimo*, mais seulement lorsqu'un changement de climat sonore est souhaitable.
En aucun cas la pédale ne doit être un cache-misère, un paravent à une construction physiologique ou auditive défaillante.

*C'est pourquoi je conseille de travailler chaque œuvre sans pédale, dans un premier temps ; de même qu'un violoniste, lorsqu'il cherche la pureté du son, s'exercera sans vibrato.*

On l'aura compris, il est difficile d'en dire plus sur les problèmes d'interprétation liés à la pédale, loin du piano. Ceux-ci étant liés d'une manière inséparable à l'écoute, seule l'oreille peut corriger les erreurs et les abus.

*Le bon usage de la pédale est la conséquence d'une écoute parfaite de l'harmonie.*

# Le style

> *Toute musique est religieuse par la pureté, l'attention, la soumission, le recueillement, la sérénité qu'elle veut et qu'elle apporte.*
>
> Alain [1]

En matière de style, l'erreur ne pardonne pas. On le comprendra sans peine si l'on imagine un architecte à qui serait commandé un temple grec et qui construirait une pagode. Transposée dans le domaine musical, cette comparaison (quelque peu extrême) signifierait confondre Bach et Debussy.

Bien souvent les pianistes se trompent de couleur sonore (le matériau) et d'articulation de la phrase musicale (le mot articulation désignant ici l'ensemble des signes d'interprétation). Erreurs qui constituent

---

1. « Des genres musicaux », *Système des Beaux-Arts, op. cit.*, p. 150.

des fautes de syntaxe. Le langage propre au compositeur s'en trouve défiguré. Ils font du Scarlatti dans Mozart, du Schumann dans Schubert, du Rachmaninov dans Chopin ou du Brahms dans Ravel.

Il faut apprendre à reconnaître un style, à le déterminer, à le construire. Dans les conservatoires, on apprend cela de façon très vague. Bon nombre de professeurs pensent qu'avec des métaphores et de la poésie, on parvient à transmettre une vérité musicale. L'affabulation poétique, l'évocation d'images ne suffisent pas à construire une interprétation.

Dans certains cas, cela peut même devenir réducteur : le stéréotype des images qui se transmettent à travers les générations finit par affaiblir la force intrinsèque du discours musical. En voici un exemple significatif : la sonate de Beethoven op. 31 n° 2 a été appelée « *la Tempête* ». Cette interprétation subjective est désormais si ancrée en l'esprit de tous que l'évocation de la mer enferme définitivement l'interprète dans une sphère d'imagination unique, quasiment carcérale. Le premier mouvement est généralement intitulé « Sérénité avant la tempête » ; aussi les pianistes s'efforcent-ils au fracas dès que la nuance *ff* est requise, ou encore essaient-ils de reconnaître la corne de brume dans les *sforzati*.

Une analyse, même succincte, apporte une compréhension meilleure pour aborder ce texte.

Ce mouvement (Largo-Allegro) est caractérisé par des contrastes violents : le déferlement de la passion y naît *ex abrupto* du calme le plus extatique. Les cinq Largo égrènent *pianissimo* des arpèges très lents, évoquant un temps (court, pour les deux premiers) de méditation et de paix puis (plus long, pour les trois autres) de retour au calme provisoire, d'interrogation douloureuse dans la solitude, d'une pause – comme les battements du cœur s'apaisent après une émotion trop forte – avant le retour de sentiments agités et puissants. Sentiments qu'indiquent à la fois le tempo *allegro*, la cascade des notes au rythme égal, répétitif (d'abord en croches, phrasées par deux), qui semble s'accélérer (par l'emploi des triolets) et enfin la nuance qui parcourt, en croissant sans cesse, tout le registre de *piano* à *fortissimo*.

Pour le finale (Allegretto), voici le commentaire courant : « La voix humaine a été emportée par la tempête, et seule domine la mer éternelle. »

À part la mélodie éternellement recommencée du finale en question, ce genre de phrase, certes poétique, semble d'une aide bien peu efficace pour interpréter ce mouvement dont le problème majeur, outre ceux posés par la pédale, ici d'emploi délicat, et les nuances, est un problème de rythme : il faut se garder de transformer, par une fausse accentuation, le 3/8 en 2/4.

En musique, le cataclysme (la tempête) se passe dans le monde des sentiments ; pour exprimer ce qui est suggéré par la musique, chacun doit chercher et trouver, au fond de lui-même, la résonance de ces sentiments.

Sans nier le rôle de l'imagination – un musicien sans imagination est une source tarie – il ne faut pas la laisser devenir « la folle du logis » et lui confier entièrement le gouvernement en matière d'interprétation. « L'artiste tout au contraire règle ses images d'après l'objet qui naît sous ses doigts ou d'après un chant réglé [1]. »

La musique est infiniment précise en elle-même. Il faut savoir déchiffrer les signes qui en font un langage cohérent et particulier à chaque œuvre.

Schumann dans ses *Conseils aux jeunes musiciens* les met en garde ainsi : « Si le ciel vous a doué d'une imagination active [...] vous vous sentirez peut-être

---

1. Alain, « De l'imagination dans les passions », *Système des Beaux-Arts, op. cit.,* p. 30.

d'autant plus mystérieusement ravi dans un cercle magique que vous vous conformerez moins aux lois de la construction musicale. [...] Mais ce ne sera cependant qu'en vous appliquant aux signes précis et prononcés de l'écriture que vous obtiendrez la maîtrise de la forme et le pouvoir d'une claire ordonnance. »

Les historiens de la musique voudraient dicter aux interprètes la seule manière « respectueuse du style » possible. Qu'on se souvienne de l'époque pas si éloignée où l'on n'osait plus chanter naturellement une phrase dans Bach de peur de la « romantiser » et où style classique se devait d'être synonyme d'ennui.

De tout temps, la science nouvelle, la mode tentent d'imposer leur loi. Le savoir intellectuel seul ne suffit pas. Notre époque croit plus à la science et à l'intelligence livresque qu'à la sûreté de l'instinct et à la sensibilité. « Or, si seule l'intelligence de celui qui parle peut donner la bonne intonation de ce qu'il dit, seule la sensibilité de l'interprète peut donner à ce qu'il joue son exacte coloration, cette justesse d'accent qui rend la musique compréhensible [1]. »

Pour en terminer avec ce qui peut se révéler source de stérilité, il convient de signaler ceci : l'esthétique caractéristique du début du XXe siècle a régné si

---

1. Wilhelm Furtwängler, *Sixième Entretien sur la musique, Musique et verbe*, rééd. Livre de poche, 1979, p. 98.

longtemps que les pianistes ont fini, dans certaines œuvres, par faire les mêmes choses, aux mêmes endroits. C'est comme si on regardait le même visage dans mille miroirs. Cela n'apprend rien. À la quatrième ou cinquième génération, les pianistes sont encore imprégnés de ce langage, de cette conception de la musique. Les tics de l'époque (basse et chant décalés, par exemple) sont encore reproduits aujourd'hui. Ce modèle, cet archétype, n'a pas été le ferment d'un renouveau.

*
* *

Comme le dit H. Neuhaus, « tout le secret du talent consiste à faire vivre pleinement la musique dans le cerveau, avant que le doigt ne se pose sur la touche [1] ». La musique vit en nous, dans notre cerveau, notre sentiment, notre conscient, et notre inconscient. La personnalité entière conditionne l'interprétation. C'est pourquoi la culture, pour un musicien, ne doit pas venir que de la musique, mais aussi d'expériences et d'observations dans d'autres domaines.

Si grand que soit le don (l'inné), la musicalité, c'est-à-dire la compréhension de la musique, la faculté de la recréer avec intelligence et sensibilité et de transmettre une émotion, ne peut s'épanouir

---

1. *L'Art du piano, op. cit.*, p. 11.

qu'avec le développement de la personnalité. Il y faut de la curiosité, le goût de s'instruire, celui de la lecture, de l'observation, et de la réflexion. L'intérêt porté aux autres arts et à leurs corrélations est essentiel :

« Les mots n'ont-ils pas une couleur, comme ils ont un timbre ? La syntaxe ne fournit-elle pas l'équivalent du dessin et de la mélodie ? »

« Qu'est-ce qu'il fait dans le ciel le petit oiseau ?
– Il prend sa leçon de chant. C'est une étoile qui la lui donne.

[Toujours l'idée de l'art enseigné par un autre art.]
– Et l'étoile aussi reçoit de l'oiseau une leçon d'étoilerie, une leçon de splendeur [1]. »

Tout ce qui améliore la connaissance rendra l'interprétation plus subtile. Le fait d'être cultivé évitera bien des contresens. Berlioz aurait souhaité que les musiciens de son temps soient cultivés, lui qui publiait en 1852 *Euphonia ou La Ville musicale*. Dans cette cité idéale – qu'il situe en 2344, faute de pouvoir réaliser ses conceptions musicales ailleurs que dans le domaine du fantastique – cette ville où rien n'existerait qu'en fonction de la musique, tous les instrumentistes apprendraient le chant. Pour ce qui est du domaine de la culture générale, voici son

---

1. Paul Claudel, Argument en introduction au livre de J. Samson, *Claudel ou le poète musicien,* Milieu du monde, 1947, p. 11 et 14.

avis : « L'éducation littéraire des Euphoniens est soignée ; ils peuvent apprécier les beautés des grands poètes anciens et modernes. Ceux d'entre eux dont l'ignorance et l'inculture à cet égard seraient complètes ne pourraient jamais prétendre à des fonctions musicales élevées. »

Dans le domaine de la sensibilité, l'amour porté aux êtres et à la nature, la compréhension de la vie, la sincérité des sentiments et l'imprégnation consécutive à l'observation de la beauté sous toutes ses formes, feront de l'interprète un être de chair et de sang, mû par une émotion qu'il fera partager, et non une machine à produire des notes.

Les choix de l'interprète dépendent du jugement qu'il porte sur l'époque de composition de l'œuvre et le discours du compositeur. L'instinct, le goût et les connaissances entrent en jeu : à une époque définie, sont liées une écriture, des formes, des couleurs et des sonorités bien précises.
Et puis, il y a ce que l'oreille a enregistré. Tout ce que l'on a ressenti comme une vérité irréfutable, au cours de concerts, d'écoutes de disques ou de leçons avec un maître, influera sur le choix. Lorsqu'un grand musicien a laissé un message, et que dans la même œuvre, un autre grand musicien délivre un message opposé, cela donne matière à réflexion. Par exemple, Michelangeli et Horowitz ont donné deux visions sublimes de Scarlatti. Les caractéristiques du

style : sonorité, promptitude de l'articulation digitale, ligne mélodique, rigueur rythmique et émotion sincère sont respectées dans chacune de leurs versions. Elles se valent. La préférence est affaire de subjectivité.

*
* *

Quel est le rôle de l'enseignement dans la compréhension du style ?

En Pologne, où j'ai été initié à la tradition stylistique de Chopin, on m'a enseigné ce qu'est l'articulation de la phrase dans sa musique, mais aussi dans celle de Beethoven, Bach, Ravel, Debussy, Schubert, Rachmaninov, Scriabine... On m'a appris à produire des sons, avec des intensités, des vitesses d'attaque du doigt, des tempi différents qui s'inscrivaient dans le style de ces compositeurs. Cette recherche a éveillé en moi un appétit de connaître et de comprendre ce qu'est le style.

À partir du moment où l'on a archivé dans sa mémoire les caractéristiques du son et les différentes articulations répertoriées en fonction des styles (on sait que tel son et telle articulation conviennent à Mozart, par exemple), on peut se servir de cette richesse comme d'une banque de données pour servir le style.

L'enseignement doit d'abord donner les moyens techniques de traduire en sons l'imaginaire de l'interprète. Ensuite, il doit apprendre aux exécutants à ne pas défigurer Chopin, ni les autres compositeurs romantiques, comme le font tant de pianistes. Sous prétexte de passion, de sensibilité et de tempérament, la distorsion rythmique, l'enflure et le mauvais goût se donnent trop souvent libre cours dans leurs interprétations.

Ce qui m'amène à reparler du *rubato* précédemment évoqué dans le chapitre sur le rythme. Paderewski, dans un article sur le tempo rubato, écrit : « Notre métronome humain, le cœur, cesse de battre régulièrement sous l'influence d'émotions... le jeu de Chopin partait du cœur [...] on ne peut concilier le jeu mécanique avec l'émotion. [...] C'est lui (le rubato) qui ajoute à la musique, déjà pourvue de l'accent métrique et de l'accent rythmique, une troisième sorte d'accent, l'accent émotif, individuel, pathétique. Chaque fois qu'un compositeur emploie des indications comme *espressivo, con molto sentimento, con passione, teneramente*, il demande à l'exécutant une certaine dose d'émotion, et l'émotion exclut le calme monotone du rythme [...] mais en même temps apparaît le danger de l'exagération. La vraie connaissance des différents styles, l'éducation du goût et le sentiment bien équilibré du rythme sauront préserver l'exécutant de cette exagération car partout l'excès de la liberté est plus funeste que la rigueur de la loi [1]. »

---

1. Paul Locard, *Le Piano, op. cit.*, p. 64.

Dans ses *Entretiens sur la musique*, Furtwängler dit à propos du délicat sujet du *rubato* : « Cette passagère liberté rythmique révèle toujours la véracité – ou le mensonge – des impulsions musicales ressenties ou fabriquées. Dès l'instant où ce rubato n'est pas dicté par le sens de l'œuvre mais vient du "dehors", dès qu'il est artificiel, il est aussitôt exagéré. »

C'est dans la musique de Chopin que cette exagération du *rubato,* ainsi que la vulgarité dans l'expression du sentiment et les outrances sonores se font le plus sentir. Wanda Landowska écrivait dans un article consacré à Chopin : « Sa première préoccupation était d'éviter tout ce qui eût pu rappeler le fracas pianistique. Ses amis lui faisaient grief de sa grande réserve [...] et ses interprètes modernes lui font faire des aveux d'une importunité indécente. » Plus loin, elle ajoute : « Son maître était J.S. Bach. Il s'enfermait des journées entières pour jouer le *Clavecin bien tempéré* et son dieu était Mozart[1]. »

On le sait, Bach, depuis sa redécouverte par Mendelssohn, a incarné pour les romantiques le musicien idéal. Malgré leurs différences, ils ont su admirer, eux les hypersensibles, le grand maître chez qui le cœur et la raison ont parts égales, où les mouvements de l'âme s'accordent à l'équilibre architectural, où ce qui est le plus contrôlé est allié à ce qui est libre et spontané. C'est sur cette structure de la musique de Bach que Glenn Gould comptait pour créer

---

1. *Ibid.,* p. 60.

l'émotion, sur son invention inépuisable, aussi. « Il ne module jamais au sens conventionnel, mais donne l'impression d'un univers infini en expansion », affirmait-il.

C'est surtout par ce qu'il ne faut pas faire et pourquoi il ne faut pas le faire que l'on peut éclairer l'élève qui cherche. On ne donne jamais de raisons au beau – « le beau ne se prouve point », dit Alain, « et l'on peut remarquer que la belle musique est sans preuves et la Vénus de Milo est sans preuves. Mais ces beautés aussi sont des exhortations plutôt que des modèles ; c'est ainsi que l'inimitable seul instruit [1] » –, on dénonce ce qui est faux.

L'écriture de Ravel, Debussy ou Chopin ne peut être confondue avec celle d'aucun autre compositeur. Leurs œuvres ont ce privilège, réservé à tout chef-d'œuvre, de révéler le nom de leur auteur dès les premières mesures. En écoutant Mozart ou Schubert, on sait, dans l'instant, que ce discours, que ces sonorités n'appartiennent qu'à eux.

Il en va de même en peinture : on ne peut confondre « le grave des grands effets de soleil [2] » de Van Gogh qui disait avoir passé sa vie à harmoniser la violence des extrêmes et les délicates transparences, le mystère de la lumière de Vermeer.

---

1. *Système des Beaux-Arts, op. cit.,* p. 12.
2. Vincent Van Gogh, *Lettres à son frère Théo,* Grasset, 1937, p. 235.

## LE STYLE

Même lorsque l'époque et l'écriture sont proches, chaque génie possède un langage personnel unique. Les similitudes d'articulation entre Brahms et Schumann ne sont que des étincelles qu'on pourra percevoir ; cependant, il faut se garder de faire l'amalgame entre ces deux styles.

On doit se méfier des idées reçues, qui n'ont de la sagesse que l'apparence. Par exemple, la notion de « pâte sonore » nécessaire pour interpréter Brahms. C'est une notion bien vague. Faut-il mettre plus de poids que pour Mozart ? Le legato est-il différent ? La réponse est non. Cela dépend de la phrase, de sa charge émotive, de la nuance dans laquelle cette phrase doit être jouée.

Certains pianistes jouent Mozart, insipide, mièvre ou maniéré. Ce n'est pas une musique légère même si elle est pleine de légèreté, de charme et de grâce. Il y a de la noblesse, une grande profondeur, une dramaturgie véritable dans le discours mozartien. Écoutez ses opéras, plutôt que la dixième version enregistrée de la sonate que vous interprétez…

Quant à Beethoven – si souvent défiguré par un staccato à la Scarlatti, des sforzati distribués comme autant de coups de poing, et des fortissimi à la limite de l'audible –, il est évident qu'il est victime, d'une part de fautes de syntaxe et d'autre part, du goût pour les anecdotes que les commentateurs ont contribué à développer dans le public ; victime de sa réputation de génie solitaire et violent.

Au lieu de découvrir le compositeur au travers de

ses œuvres, on tente d'expliquer l'œuvre à partir de traits empruntés à sa personnalité.

Si la musique de Beethoven allie la simplicité à une grande puissance expressive, c'est grâce au contraste des différents thèmes qu'il met en scène. Ils s'affrontent « comme les personnages d'un drame [...] et chaque œuvre signifie musicalement l'accomplissement d'une fatalité[1] ». De l'opposition de ces thèmes et de leur interpénétration dépend le déroulement rigoureux de l'œuvre. Beethoven est bien en cela un compositeur classique. Rien chez lui ne vise à l'effet : l'expression de la passion n'exclut jamais la volonté de maîtriser la forme.

Pour ce qui est de la non-compréhension des signes d'articulation, rappelons que le staccato allemand, qui convient à Beethoven, Mozart, Brahms, Schumann n'est pas un staccato court, qu'il ne se joue pas « piqué », selon le détestable vocable employé par les professeurs de mon enfance.

Le sforzato *(sfz)* quant à lui n'est qu'une émergence de la nuance dans laquelle la mélodie est jouée.

Il ne faut pas confondre une exécution « propre » sur le plan de la justesse des notes et de la réussite des traits avec l'intégrité musicale. L'interprète, médiateur entre le compositeur et l'auditeur, doit essayer de ne trahir ni l'un ni l'autre. La plus grave infidélité au texte consiste à lui donner, volontairement ou

---

1. W. Furtwängler, *Troisième Entretien sur la musique, op. cit.*, p. 58.

pas, un sens différent de celui qu'a indiqué l'auteur. Respecter l'articulation de la phrase musicale, c'est-à-dire tous les signes, liaisons, accents, staccato, nuances, sforzati, etc., c'est s'approcher le plus possible de ce que l'on pense que le compositeur a voulu.

Sans oublier que la démarche de l'interprète, en sens inverse de celle du compositeur, consiste à reconstituer à partir des détails de la notation, la logique et la vision d'ensemble, « la grande ligne » qui avait précédé la composition. Il faut interpréter ce que le compositeur propose : une nuance, un climat, un discours. Chacun choisit selon son talent, sa culture et sa sensibilité ce qui lui paraît convenir à traduire le texte le mieux possible.

# Acquisition de la technique

> *Tout progrès technique est un perfectionnement de l'art lui-même et ne peut que contribuer à manifester le contenu, l'essence même de la musique.*
>
> Heinrich NEUHAUS [1]

Chacun possède une physiologie vierge qui peut fonctionner, être servie par une bonne technique et produire de bons résultats, ou une mauvaise technique et produire des catastrophes. On sait que tout ce qui est antinaturel, tout ce qui contraint et force les muscles, crée des déformations graves. Pour être naturel, un mouvement pianistique ne doit pas aller à l'encontre des gestes courants de la vie : prendre, saisir et serrer. Par exemple, l'articulation exagérément haute des doigts (technique dite « comme des petits

---

1. *L'Art du piano, op. cit.*, p. 12.

marteaux ») ou encore les « notes tenues » ne correspondent à aucun geste naturel.

Beethoven disait des pianistes : « La vélocité de leurs doigts met en fuite leur intelligence et leur sensibilité. »

Le désir de dominer les difficultés techniques – légitime en lui-même puisque cette maîtrise est la condition *sine qua non* pour atteindre un niveau professionnel – obnubile la plupart des pianistes qui pensent que la rapidité, l'agilité et le brio suffisent à leur assurer une interprétation artistique. Il n'en est rien. Encore faut-il avoir quelque chose à dire.

Rappelons encore une fois que pour faire chanter le piano (car c'est bien de cela qu'il s'agit) il faut développer l'égalité des doigts, contrôler le poids, savoir économiser l'énergie et avant tout être souple, c'est-à-dire libre.

Le son produit est fonction de ce que l'on a assimilé sur le plan physiologique.

La connaissance de la physiologie est nécessaire à qui veut comprendre les mouvements pianistiques. À la toute fin du XIX$^e$ siècle, des technologues, profitant des progrès de cette science, tentèrent de définir les principes d'une technique rationnelle.

Contrairement à ce que croyait Liszt qui, afin d'assouplir le poignet, recommandait à ses élèves « l'étude des gammes d'octaves chaque jour pendant deux heures », Steinhausen, un médecin, auteur d'un ouvrage *Sur les erreurs physiologiques et la transformation du jeu du piano*, écrivait : « Il n'est venu à

## ACQUISITION DE LA TECHNIQUE 107

l'esprit de personne que ce sont les muscles qui fixent les articulations. Si les muscles sont bien détendus l'articulation ne peut être que souple. »

Breithaupt, célèbre professeur de piano, écrivait quant à lui : « C'est indiscutable : il faut remplacer les monotones exercices des doigts par l'observation et l'exécution correcte des mouvements du jeu. » La conception de la technique comme science des mouvements sera précisée vers 1925 par Blanche Selva en ces termes : « Le geste est l'ensemble d'un mouvement réalisant une action. C'est la pleine possession de ce geste qui constitue toute la technique [1]. »

Bien qu'on ne soit plus au temps où Kalkbrenner et même Liszt conseillaient à leurs élèves de travailler gammes et exercices « en lisant en même temps pour se distraire », on commet encore la bêtise de vouloir sérier les problèmes.

D'une part, on s'attelle à la « technique », c'est-à-dire que l'on fait des heures de gammes et d'exercices sans penser à rien, puis on travaille des « morceaux » où l'on commence seulement à penser à ce que l'on fait. C'est oublier que le mot technique (mot grec à l'origine dont l'équivalent latin est *ars*) ne signifie pas seulement *habileté à faire*, mais aussi *art* (le pluriel *Artes* désigne *les Muses*). La technique n'est que la partie matérielle de l'art. La développer pour

---

1. Les textes de Steinhausen, Breithaupt, Blanche Selva sont extraits de Gerd Kaemper, *Techniques pianistiques*, *op. cit.*, p. 49, 52, 59.

elle-même est sans intérêt. Ce ne sont pas les exercices musculaires détachés de tout contexte musical qui parviennent à corriger les difficultés propres à chaque main.

« Dès que la technique est cultivée pour elle-même, elle cesse d'être au service de la musique et détruit la forme de l'œuvre. Dans une bonne interprétation, l'élément technique ne sera jamais séparé de l'élément expressif... l'effet, pour efficace qu'il soit, est toujours inauthentique [1]. »

En fait, pour un musicien, la technique n'est que le moyen physique de traduire l'imaginaire. Lorsqu'on parle de technique au piano, on sous-entend, d'une part, le développement musculaire, d'autre part, le développement de l'imagination et de la musicalité. La technique est la conjugaison de ces deux notions.

La conception moderne de la technique, qui se présente comme un répertoire de gestes, la rend inséparable du contexte musical.

Les difficultés de base (gammes, arpèges, octaves, tierces, sixtes, accords) restent incontournables. Cependant, ce n'est pas pour renforcer les quatrième et cinquième doigts que l'on doit travailler ces difficultés, mais parce qu'elles font partie intégrante des textes musicaux. Que l'on travaille la vitesse d'une articulation, la nuance, ou le legato,

---

1. Furtwängler, *Cinquième Entretien sur la musique, op. cit.*, p. 81.

le travail musculaire doit être sous-tendu par une nécessité musicale. Les performances ne se cherchent et ne se trouvent que si on ne perd pas de vue la finalité sonore. On peut, dans les gammes et autres difficultés techniques, travailler l'égalité, l'aisance, l'extension, le transport du poids, la sonorité, etc.

Cela, à condition de n'avoir pas la répétition machinale comme seul moyen de progresser, ni la vitesse (augmentée de force, grâce à la battue impérieuse du métronome), et la performance, pour seul souci.

Il ne s'agit pas de travailler n'importe comment, puis de répéter, insister en forçant ses muscles quelquefois jusqu'à la douleur en espérant parvenir à l'aisance, à la détente. La détente n'est pas le résultat de l'étude, elle en est la condition préalable.

« Toute l'ardeur du pianiste à développer ses muscles par des exercices de gymnastique, ne le mène à rien. Il lui faut commencer par apprendre à faire travailler son esprit [1]. »

Si les sempiternels exercices, les Hanon, Pischna, Czerny, Philipp et autres « écoles de la vélocité », qui prétendaient forcer les mains à acquérir souplesse et rapidité, ont largement démontré que, faute d'offrir un intérêt musical véritable, leur seule école était celle de la raideur, il ne faut pas pour autant nier

---

1. Steinhausen, cité dans Gerd Kaemper, *Techniques pianistiques, op. cit.*, p. 50.

l'intérêt des Études. Il y en a de merveilleuses. Chefs-d'œuvre de la littérature pianistique, ces Études ne sont ainsi dénommées que parce qu'elles ont été composées pour aller au bout de l'analyse et de la résolution d'une difficulté spécifique. En fonction des résistances que rencontre et doit surmonter chaque pianiste face à une difficulté, le professeur choisira l'étude qui en constituera la thérapie.

Il serait fastidieux d'énumérer la liste de toutes ces Études. Professeurs et élèves en connaissent l'utilité ; par exemple, celle des fugues de Bach pour le jeu polyphonique. Les Études de Chopin, celles de Debussy, Liszt, Scriabine, Rachmaninov, etc., offrent, quant à elles, le répertoire complet des divers éléments de la technique.

Sans vouloir, ni pouvoir, en ces quelques pages prétendre guider le travail des pianistes, ainsi que je le fais en cours, voici quelques conseils techniques, concernant les difficultés de base.

### La position de la main

Nous avons vu, dans le chapitre intitulé « La liberté », que la position de la main est conditionnée par la façon de s'asseoir au piano. Elle est également déterminée par la hauteur du poignet.

Le poignet est au niveau du pouce au repos.

*L'articulation du pouce étant dépendante du poignet, par réciprocité, la liberté de ce dernier dépend entièrement du pouce ; c'est donc au niveau du pouce au repos que le poignet doit trouver sa hauteur, et non au niveau des autres doigts.*

*Les doigts ainsi posés (pouce à plat, doigts arrondis, poignet légèrement plus bas que le niveau du bout des doigts) il faut imaginer que le plateau métacarpien se prolonge jusqu'à la pliure de la première phalange.*

Le plateau métacarpien prolongé
jusqu'à la pliure de la première phalange.

Une autre notion est à préciser pour donner à la main une position ouverte, favorisant l'égalité des doigts et le développement harmonieux des muscles inter-digitaux.

*Plus on aura, au niveau du métacarpe, une sensation de distance entre le pouce et le cinquième doigt, mieux la main sera placée.*

Je ne parle évidemment pas ici d'écarts entre les doigts, je définis la position de la main lorsque les cinq doigts sont placés sur cinq notes conjointes. Lorsque celle-ci est bonne, la paume est ouverte au maximum ; ce que l'on constate en retournant la main. De cette manière, chaque doigt articulera verticalement et transportera le poids, ce qui permettra l'égalité du son, et la qualité du timbre.

Le thénar et l'hypothénar, faisceaux de muscles du pouce et du cinquième doigt, assureront la stabilité de la main sans aucune crispation.

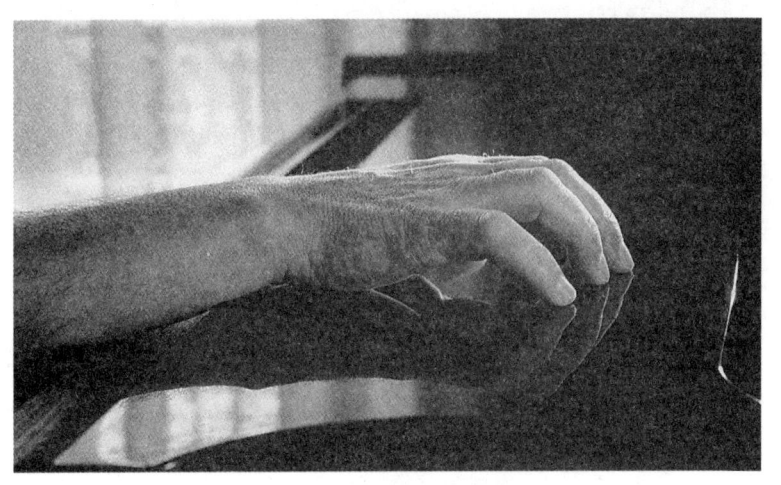

La paume est ouverte au maximum.

Au contraire, le rapprochement de ces deux ensembles musculaires (dû à de mauvais doigtés, aux passages de pouce au-dessous de la main, etc.) induit la crispation.

Un tel rapprochement est néfaste et même dangereux, car, au niveau du poignet, le nerf médian (sensitif et moteur du bras) et les tendons passent dans la gouttière constituée par les os du carpe, appelée canal carpien. Par leur situation dans ce canal inextensible, nerf médian et tendons sont particulièrement exposés à une compression. Le résultat de cette compression se fait sentir d'abord sous forme de crampes, puis de pertes partielles de sensibilité, de névrite ou de tendinite.

## Le legato

*Le legato est la non-interruption de la sensation tactile au moment du passage d'une note à la suivante.*

Chaque fois que l'on joue une note, la pulpe du doigt s'écrase obligatoirement ; l'écrasement des terminaisons nerveuses provoque une anesthésie provisoire de la sensation tactile. L'interruption de la sensation doit être si courte que la mémoire n'ait pas le temps de l'enregistrer. Pour que cette anesthésie ne se prolonge pas, il faut desserrer la pulpe, dans l'instant même, cela afin de retrouver la sensation tactile que l'on éprouvait avant de jouer.

*Le moment de pression, infiniment court, doit être conscient et suivi d'une dépression, consciente elle aussi, sans cela le son sera écrasé.*

## Le staccato

*Le staccato est un legato interrompu. Le temps d'interruption du son entre deux notes doit avoir la même durée (aussi courte), que l'on joue un staccato dans un tempo lent ou que l'on joue un staccato dans un tempo rapide.*

Il faut lâcher le poids sur la note jouée, desserrer la pulpe et de cette même note reprendre de l'énergie pour rebondir sur la note suivante.

*La note jouée sert à la fois de repos et de tremplin vers la note suivante.*

Même si dans le staccato, pour interrompre le son, on ne fait qu'un saut de puce, cette notion de tremplin intervient chaque fois que l'on parle de saut. Du nom de la planche élastique qui permet au plongeur d'augmenter la hauteur du saut, le tremplin est ce qui donne un élan pour atteindre un objectif. Lorsqu'on s'expulse, en appelant l'énergie, de l'endroit où l'on repose, pour retomber aussitôt sur un autre endroit à distance du premier, cela exclut la suspension en l'air. Il en va de même pour le poignet qui ne doit jamais rester en l'air.

*Le staccato se travaille lentement : long repos sur la touche, interruption brève.*

## Le transfert du poids

Ce sont les doigts qui véhiculent le poids du bras et de la main. Dans les gammes diatoniques ou chromatiques, dans les traits conjoints, le bras se déplace en même temps que le doigt.

Dans un trait à géométrie variable, composé d'intervalles asymétriques, plus ou moins grands, le bras se déplace en fonction de l'intervalle à franchir. Si les deux actions, articulation et déplacement du bras, sont concomitantes, elles créent une tension du bras et un choc sur la note.

*Il faut, après avoir joué la première note, dans l'intervalle entre cette première articulation et la suivante, déplacer le bras vers la deuxième note. Et ainsi de suite.*

Cette anticipation du déplacement du bras permet au doigt d'articuler librement. Dans les basses de Chopin, par exemple, où les intervalles sont souvent assez grands (quinte, sixte, septième, octave, etc.), on constatera, d'évidence, l'utilité de déplacer le bras entre les notes.

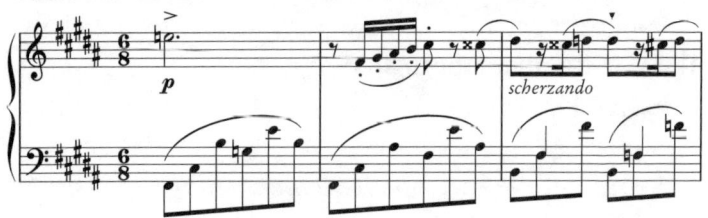

Chopin, *Nocturne op. 9 n° 3*

# ACQUISITION DE LA TECHNIQUE

Un cas particulier se présente lorsqu'un trait descendant ou montant est composé d'intervalles dont le sens est inverse au sens général du trait.

Chopin, *Scherzo op. 39*

La main a toujours tendance à se pencher dans le sens du trait. De ce fait, elle finit par gommer le son des notes en sens inverse. C'est le contraire qu'il faut faire.

*Dans un trait descendant, il faut se préoccuper des intervalles montants, qui ne doivent pas être privés du poids, mais être nourris sur le plan du son, afin d'obtenir une même qualité du timbre sur chaque note.*

Il faut donc orienter la main en montant. On doit évaluer les méandres de la phrase et travailler (lentement) l'anticipation du poids avant d'émettre chaque son.

## LE PASSAGE DU POUCE

La manière traditionnelle de passer le pouce dans les gammes, consiste à passer celui-ci en dessous des 2e et 3e doigts qui forment alors une sorte de pont, puis à nouveau sous les 3ᵉ et 4ᵉ doigts (doigtés de la main droite correspondant à la gamme montante).

Afin de rendre ce passage moins inégal, certains professeurs recommandent de préparer le pouce, c'est-à-dire de lui faire prendre prématurément sa place sous la main entre l'articulation des 2ᵉ et 3ᵉ doigt, puis entre le 3ᵉ et le 4ᵉ. Loin de résoudre le problème, cette façon de procéder l'aggrave : les doigts formant voûte subissent une tension constante ; quant au pouce, en passant par-dessous, il s'étiole parce que son espace d'articulation est inexistant.

*Il ne faut pas crisper la main et le bras en faisant passer le pouce au-dessous de la main.*

Lorsqu'on regarde la main de profil (le coude reposant sur un support, l'avant-bras en position verticale, et la main pendant librement), on constate que le pouce est placé à un niveau inférieur à celui des quatre autres doigts. Ce dont on ne se rend pas compte lorsque la main est posée à plat.

Supposons que l'on joue un clavecin à deux claviers : si l'on se figure le pouce jouant sur le clavier inférieur, et les autres doigts sur le clavier supérieur, on visualisera le passage du pouce dans l'espace.

Rappelons que le pouce joue verticalement – il se soulève pour articuler puis s'abaisse pour jouer une note – et se pose horizontalement sur le clavier.

Le passage du pouce, dans les gammes ou les arpèges, n'offre pas de difficulté en descendant à la

# ACQUISITION DE LA TECHNIQUE 119

main droite, ou en montant à la main gauche. En descendant la gamme (à la main droite), la main enjambe le pouce qui vient de jouer ; celui-ci a eu tout son espace pour articuler.

*Il faut faire la même chose en montant, laisser au pouce son espace d'articulation.*

Si l'on imagine le pouce comme une aile de moulin en mouvement qui accomplit un quart de cercle en montant afin de passer par-dessus les autres doigts, celui-ci pourra articuler librement. Le doigt qui précède le pouce ne doit pas constituer un obstacle. Pour cela, il faut que le poignet soit complètement libre et permette un abaissement de ce doigt, avant l'articulation du pouce. Si le pouce est tendu, le poignet sera bloqué, et le passage provoquera un choc. En revanche, si le poignet est libre, le passage se fera aisément. On articule le pouce, le 2e et le 3e doigt, on lâche le poignet pour que le pouce joue normalement, et ainsi de suite.

Bien entendu, à la main gauche, c'est à la descente qu'il faudra veiller à ne pas faire passer le pouce par-dessous.

## Les doubles notes et les accords

*Les doubles notes, de la seconde à l'octave, s'articulent, tout comme les notes simples.*

Il est inutile de les traiter séparément comme autant de difficultés spécifiques, puisque la technique d'articulation et de production du son est la même pour toutes ces figures.

J'ai abordé, dans le chapitre intitulé « La liberté », la question essentielle de *l'articulation suivant le système « systole-diastole »*, et expliqué les notions de *vibration et de rebond*. On pourra s'y reporter pour se rafraîchir la mémoire.

Je rappellerai ici que le manque d'aisance dans les doubles sons se produit chaque fois qu'au lieu d'articuler, on a laissé le bras se substituer à l'action du doigt. Il n'y a pas alors effet de rebond, mais enfoncement et écrasement.

*C'est une illusion de croire que l'on peut jouer des octaves ou des accords legato.*

La notion de *legato* est, en ce cas, une contrainte. La technique qui consiste à jouer *staccato* la partie inférieure d'une octave et à lier le haut afin de créer une impression auditive de *legato* est fausse.

On ne peut pas lier les octaves. Il faut se rapporter à la notion de tremplin expliquée plus haut, à propos du staccato. On peut même imaginer que l'on puisse, entre deux octaves, passer une feuille de papier entre les doigts et le clavier.

Dans la vitesse, l'interruption du son est si courte qu'on ne l'entend pas. Les octaves s'enchaîneront, articulées par les phalanges et non par le poignet.

## Les octaves et accords alternés

Le danger, lorsque les deux mains sont décalées, c'est qu'il se produise une sorte de glissement de la voix qui n'a pas l'appui rythmique, si bien que l'on termine les deux mains ensemble.

*Pour éviter cela, il convient de privilégier la voix qui conduit (main droite ou main gauche), et d'en fixer le rythme imperturbable ; mais c'est l'écoute de l'autre voix avec sa valeur entière qui empêche la dérive de l'alterné. Il faut prendre garde à ne jamais la raccourcir.*

## Le trille

Le trille est la répétition alternée si rapide de deux doigts que la conscience a du mal à s'infiltrer dans l'action de chaque doigt. Ce qui ne veut pas dire que la pulpe n'a plus aucune sensation de contact, ce n'est jamais le cas. Cependant, afin de ne pas être tenté d'appuyer, ce qui rendrait le trille lourd, de ne pas écraser et ainsi neutraliser la vibration du son, il faut pouvoir se référer à un point précis dans la main. Ce point est le métacarpe.

*Seule la relation métacarpo-phalangienne consciente des deux doigts exécutant un trille peut créer l'articulation consciente de ces doigts.*

# Comment travailler

> *Plus l'art est contrôlé, limité, travaillé, et plus il est libre.*
>
> Igor Stravinsky [1]

Toute pensée parasite, tout geste inutile, toute contracture musculaire, qu'ils soient dus à un manque de réflexion ou à une incompréhension de la difficulté à résoudre, auront pour résultat de détourner l'attention portée au son.

Seul le calme qui précède et qui suit chaque émission de son par le doigt permet à l'oreille de prendre le relais, de juger le son émis et d'anticiper le son suivant.

---

1. *Poétique musicale* III, 1945.

Si le corps, à cet instant, est contraint par une tension, l'oreille est pour ainsi dire giflée, elle se ferme, comme un clapet qui retombe. Elle n'écoute plus, elle entend seulement. Il ne faut pas heurter l'oreille. Il faut savoir comment la flatter, lui faire accueillir le son avec joie. C'est très subtil. C'est un travail aussi délicat que celui d'un ciseleur.

Les professeurs incitent au calme les élèves auxquels manque ce contrôle, multipliant de ce fait les accidents en tout genre. Au lieu de « Sois calme », il vaudrait mieux dire : « Sois attentif. »

*Le calme n'est pas le fruit d'une volonté mais vient de la concentration : il est donné par la passion de la recherche, le désir d'approfondir, d'analyser et de comprendre.*

Le travail d'un artisan-musicien voyage sans cesse entre l'analyse et la synthèse :
– analyse de la partition dans tous ses détails (phrase mélodique, accompagnement, rythme, nuances, etc.),
– analyse technique et résolution des problèmes particuliers posés par cette partition,
– puis globalisation de tous ces éléments, permettant de rendre le texte dans son exactitude et sa beauté.

Tout cela exige une longue élaboration. Il faut attendre le temps nécessaire pour que tout s'imprime dans nos différentes mémoires.

Beaucoup d'élèves pensent perdre leur temps en travaillant lentement, surtout lorsque l'œuvre à exécuter requiert un tempo très rapide. Ils travaillent donc vite, dès le déchiffrage ; c'est pourquoi leur jeu est ensuite nerveux, non contrôlé et présente de multiples accidents. Ces élèves sont persuadés que la lenteur consiste à avoir le cerveau vide et les doigts mous. Or, on ne peut jouer vite que si l'on pense vite. Dans le tempo lent, si redouté des pianistes, que je recommande cependant, on doit être particulièrement concentré.

La décision du cerveau et le déclenchement de l'action des doigts doivent avoir la vitesse du tempo définitif à atteindre ; mais, entre chaque action, un temps suffisant doit être intercalé, pendant lequel l'action suivante s'élabore.

*C'est dans la lenteur analysée parfaitement que s'élabore la vitesse.*

À l'instar du gymnaste qui visualise mentalement la figure qu'il va exécuter, on ne peut comprendre véritablement l'action de jouer une œuvre musicale que si l'on a en tête le film parfait de son déroulement. L'exécution au piano doit être réalisée dans la lenteur aussi parfaitement que les mouvements d'un athlète que l'on regarde filmé au ralenti.

Il ne faut pas qu'il y ait de scories. L'acte doit être lisse, et quand il se déroule dans son tempo définitif, il ne nous lâche plus. Il n'y a pas de rupture au niveau de la conscience et des sensations, ni dans le geste ni dans l'écoute. En rassemblant peu à peu toutes ces impressions, il s'agit de mener avec clarté et progressivement jusqu'à la vitesse ce qui a été élaboré dans la lenteur.

Par ce travail de laboratoire où l'on analyse et où l'on synthétise les éléments d'une partition, on emprunte la voie souveraine pour limiter les effets négatifs du trac, lorsqu'on joue en public. Selon la loi des probabilités, en faisant ce travail, des accidents peuvent se produire mais dans des proportions limitées.

Le trac n'est pas en rapport direct avec les connaissances acquises. C'est une angoisse de se produire, d'être jugé, la peur de s'exposer, mais en aucun cas un doute à l'égard du travail accompli avec ce niveau de conscience.

Une erreur, très répandue dans le corps enseignant et auprès des élèves, consiste à croire que la seule façon efficace de travailler est la répétition. Se persuader que si l'on répète mille fois un passage, il en découlera forcément une sécurité et une exécution satisfaisante, nie le fait que si la réflexion n'entre pas en jeu, le résultat est négatif. Ce n'est pas le nombre de fois qui permet d'obtenir un bon résultat, « l'obstination est la plus sûre preuve de la bêtise », disait Montaigne.

*On peut rater mille fois d'affilée, si l'on n'a pas compris quel est le problème et comment le résoudre.*

Par ailleurs, réussir sans comprendre n'est pas mieux. Il faut avoir l'exigence de ne jamais laisser passer ce qui est imparfait, et de corriger dans l'instant, sans attendre une prochaine exécution. Sans cela, on alimente une paresse, et on court le risque d'imprimer des erreurs d'une manière quasi indélébile.

La recherche est passionnante. C'est une quête constante, à travers les données que l'on a assimilées, d'un plus sûr, d'un plus vrai. Parmi tous les conseils que j'ai voulu donner dans ces quelques pages, afin d'aider les jeunes pianistes dans leur travail, si l'on me demandait quel est le plus essentiel, je répondrais ceci :

*Le plus nécessaire, à mon avis, est de chercher, d'identifier et de mémoriser la connexion des sensations visuelles, auditives, musculaires et tactiles, entrant dans le jeu pianistique.*

Cela est vrai pour tout musicien. Quel que soit l'instrument dont il joue.

L'humilité et l'intelligence sont les deux qualités fondamentales pour progresser. Il faut y ajouter la volonté, la patience, et l'engagement total, qui sont tout aussi indispensables. Il ne faut pas être obnubilé par les concerts et la reconnaissance de son talent, mais être possédé par la passion de la musique. Si la musique est nécessaire à la vie comme l'oxygène que l'on respire, alors tout est possible.

*Je remercie pour la part qu'elle a prise à la publication de cet ouvrage Armelle Kantorow, depuis longtemps mon élève, et qui transmet mon enseignement.*

ANNEXE

# Corrélation entre la technique pianistique et le fonctionnement mécanique du piano

*par Éric Marandas*[*]

---

[*] Accordeur et réparateur d'instruments, Éric Marandas assure l'entretien des pianos du Conservatoire national supérieur de musique de Paris.

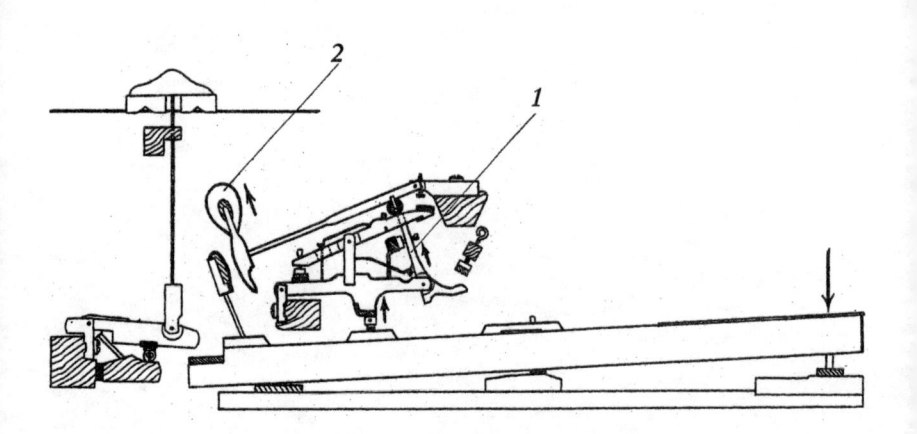

Dès qu'on enfonce une touche, le « doigt d'échappement » *(1)* pousse le marteau *(2)* vers la corde.

ANNEXE 131

À 1,5 cm (environ) du fond de touche : le doigt d'échappement bute sur le bouton *(3)* et « s'échappe » du rouleau *(4)* ; le marteau est alors à environ 1 mm de la corde et n'est plus poussé par le reste du mécanisme.

*Le doigt du pianiste ne peut désormais plus contrôler la course du marteau. Tout est dit : il est donc inutile d'écraser.*

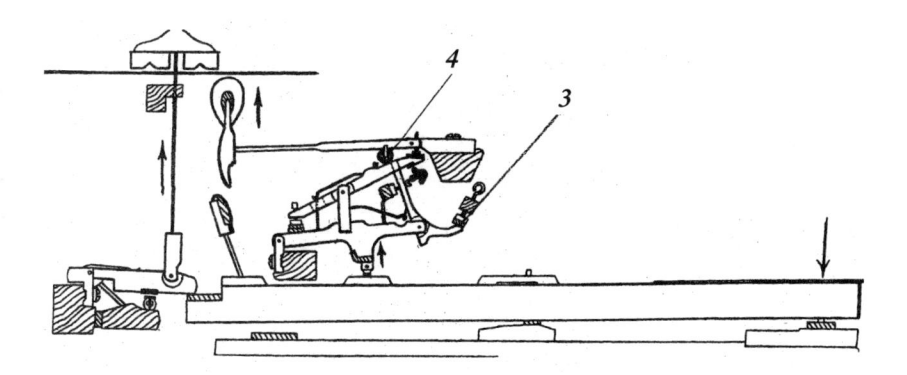

En fond de touche : sur son élan (complètement déterminé par l'attaque), le marteau percute la corde et rebondit vers le bas pour se coincer dans « l'attrape » *(5)*. Le rouleau en retombant comprime le « levier articulé » *(6)* qui est muni d'un ressort.

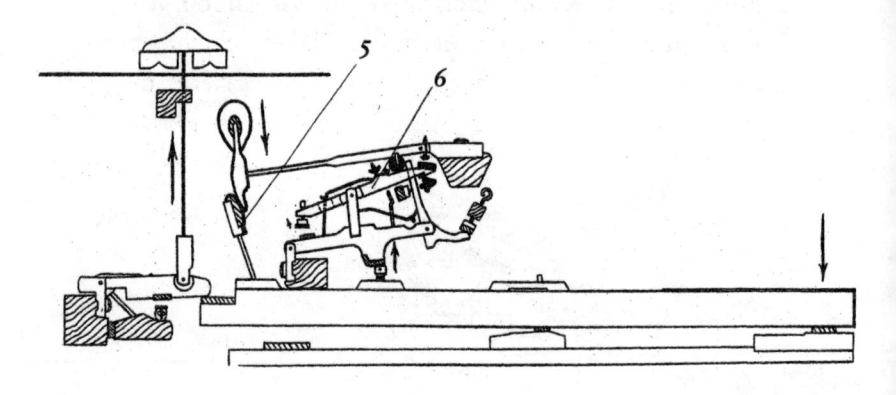

Lorsque la touche est très légèrement relâchée, le ressort se détend, entraînant la remontée du levier et donc du marteau. On appelle cela la « rechute ». Cela permet au doigt d'échappement de se repositionner sous le rouleau : la mécanique est alors prête à rejouer avant même la remontée complète de la touche.

Lorsqu'on doit jouer des notes répétées, ne pas écraser la touche présente, là encore, un intérêt évident. Lorsqu'on laisse la pulpe du doigt se regonfler après la frappe, la rechute se fait automatiquement.

Cette technique pianistique est donc en harmonie avec le fonctionnement mécanique de l'instrument.

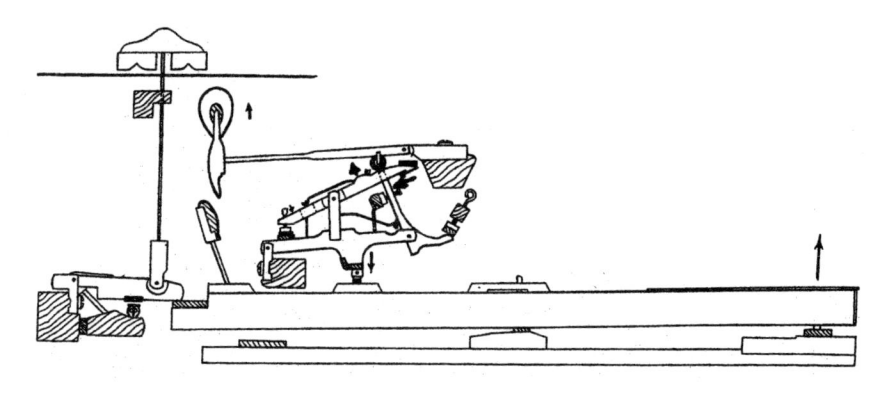

Après les rencontres musicales d'Enghien (août 1999),
Seiji Ozawa félicite amicalement Jean Fassina
pour la qualité de son enseignement.

# Table

Préface, *par Jacques Rouvier* .................................... 9

Jean Fassina ............................................................ 13

Un itinéraire ......................................................... 15

Enseigner .............................................................. 23

La liberté ou Le son sans entrave .................... 35

    La tenue au piano ................................................ 35
    *Inconvénients de la position haute* .................... 40
    *Avantages de la position basse* .......................... 41
    Détente musculaire et économie d'énergie ........ 41
    Poids et énergie .................................................. 44
    L'articulation ...................................................... 45
    Le toucher ........................................................... 46
    Conclusions ......................................................... 48

L'interprétation .................................................. 51

Le rythme ......................................................... 53

Le son ............................................................... 71
    L'échelle sonore............................................. 75
    Construire une phrase................................... 77
    Fréquence d'une même note dans une mélodie .... 78
    Le crescendo.................................................. 80
    Les basses ..................................................... 81
    L'écoute oblique............................................. 82
    Les arpèges .................................................... 83
    Les traits rapides ........................................... 84
    Les accords .................................................... 85
    La pédale........................................................ 87

Le style .............................................................. 89

Acquisition de la technique ........................... 105
    La position de la main ................................. 110
    Le legato ...................................................... 114
    Le staccato ................................................... 115
    Le transfert du poids ................................... 116
    Le passage du pouce .................................... 117
    Les doubles notes et les accords .................. 119
    Les octaves ou accords alternés ................... 121
    Le trille ........................................................ 121

Comment travailler ......................................... 123

Annexe ............................................................ 129

Dépôt légal : mars 2000.
35-56-0792-01/8

ISBN : 2-213-60592-0